AF220642

Peter Wandler

Eine Geschichte von der Welt, für die Welt

Widmung:

Allen Menschen, die sich auf die Suche nach sich selbst und dem Geheimnis des Lebens begeben.

Eine Geschichte von der Welt, für die Welt

Peter Wandler

Bibliografische Information der Deutschen Nationalbibliothek: Die
Deutsche Nationalbibliothek verzeichnet diese Publikation in der
Deutschen Nationalbibliografie; detaillierte bibliografische Daten
sind im Internet über http://dnb.dnb.de abrufbar.

© 2018 Peter Wandler
Umschlagsgestaltung BoD- Books on Demand, Norderstedt,
Umschlagsbild Peter Thiel
Herstellung und Verlag: BoD- Books on Demand, Norderstedt

ISBN: 978-3-7528-3919-7

Teil 1

Unsere Geschichte beginnt, irgendwo in einer Stadt in Europa. Sie könnte natürlich auch auf einem anderen Erdteil dieses Planeten stattgefunden haben. Aber das ist auch nicht so wichtig. Vielmehr das Abenteuer der Reise zu sich selbst wird in unserer Geschichte im Vordergrund stehen. Und das ist schon recht abenteuerlich, so dass jedes Kind und jeder Leser mitgenommen wird in eine Welt, die so nah, und doch scheinbar so fern ist. Aber genug der vielen Worte.

An diesem Morgen, einem Freitag, klingelte der Wecker. Wie jeden Tag um 7:00 Uhr räkelte sich Tobias in seinem Bett. ‚Wenn doch nicht immer dieses frühe Aufstehen wäre', dachte er. Hätte Tobias gewusst, dass dieser Tag für ihn der Beginn zu einem großen Abenteuer werden würde, dann wäre er bereits aufgestanden. „Nun aber schnell", rief seine Mutter aus der Küche. „Es ist schon zehn nach sieben und du weißt, in der Schule muss man pünktlich sein." ‚Immer dasselbe, jeden Morgen ist man müde und dann muss ich noch in die blöde Schule.' Da sich die Schule nur zehn Minuten von der Wohnung befindet, reicht es für ihn völlig aus, sich gegen 7:45 Uhr auf den Weg zu machen. Jeden Morgen frühstückt er einen Kakao und eine große Scheibe Brot mit Erdbeermarmelade. Im letzten Sommerurlaub, wie auch in den Jahren davor, waren er und seine Mutter bei seiner Oma zu Gast. Heute nach der Zeugnisausgabe begannen die Sommerferien. Gleich nach der Schule wollen die beiden in die Ferien zu dem Bauernhof von Oma Hilde starten. Seine Mutter konnte wie in jedem Jahr erst in den letzten zwei Ferienwochen mit ihm gemeinsam Urlaub machen. Da sie nicht viel Geld verdiente, war es für die beiden eine sehr preiswerte Art ihre Ferien zu verbringen. Oma Hilde wohnte allein auf einem Bauernhof. Zwischen Hügeln, Wiesen und Wäldern lag er etwas versteckt und war nur über einen schmalen Weg, auf dem gerade ein Auto

1

fahren konnte, zu erreichen. Für Tobias war dieser Bauernhof uralt, er sollte schon vor 300 Jahren erbaut worden sein.

Nachdem er sein Zeugnis in den Händen hielt und die Lehrerin allen Kindern noch schöne Ferien gewünscht hatte, machte er sich auf den Heimweg. Tobias' Mutter hatte am Vormittag die Koffer gepackt und das kleine Auto startbereit an die Straße gestellt. Nun waren sie schon seit zwei Stunden unterwegs. ‚In einer guten Stunde sind wir da', dachte Tobias und schaute aus dem Auto auf die Landschaft, die an ihm scheinbar vorüber flog. Das flache Land war verschwunden und die Hügel wurden langsam zu Bergen. „Lass uns noch eine kurze Pause machen, Tobias. Ich kenne noch einen Parkplatz mit einer wunderschönen Aussicht. Und da es heute ein ganz sonniger und wolkenloser Tag ist, haben wir bestimmt auch eine gute Fernsicht." Und so schauten die beiden von einem Berg, umgeben von vielen Bäumen, in ein Tal. Am Horizont war eine weitere Bergkette zu sehen. „Schau, wie eindrucksvoll diese Natur ist. Solch einen tollen Ausblick hat man nicht alle Tage."

Omas Hildes Bauernhof lag direkt am Waldesrand auf einem Hügel mit einer großen Wiese. Dort lebte sie schon seit vielen Jahren allein, mit vielen Tieren. Da gab es die Kuh Elsa, die Schweinemutter Susi und ihre drei Ferkel, Otto, Fritz und Franzi, die Katzendame 'Frau Jansen' mit ihren drei Katzenkindern, die vor einigen Wochen geboren wurden. Und dann lebten dort noch die zwei Ponys Wobby und Mobby. Die beiden hielten sich im Sommer immer auf den Wiesen rund um den Bauernhof auf. Nur die fünf Hühner hatten keine Namen bekommen, aber ihr Chef war der rotschwarze Hahn Rüpel. Oma wartete bereits vor ihrem Bauernhaus. Die Hühner flatterten aufgeschreckt vom Motorenlärm des Autos über den Hof, als die beiden eintrafen. ‚Endlich sind wir angekommen', dachte Tobias. Und eine fröhliche Oma Hilde rief: „Willkommen, da seid ihr ja! Ich habe für euch einen Kuchen gebacken. Kommt erst mal rein, die Koffer könnt ihr später holen." Die beiden Feriengäste gingen ins Bauernhaus. Hinter der alten dunkelgrünen Eingangstür begann ein langer Flur. Von dort ging die erste rechte Türe in die Küche, die zweite rechte Türe ins Wohnzimmer und am Ende des Ganges geradeaus in Omas Schlafzimmer. Auf der linken Seite befand sich eine alte Holztreppe in den ersten Stock. Tobias wusste noch von den letzten Besuchen, dass jeder Schritt auf den Stufen ein knackendes Geräusch verursachte. Die Treppe war uralt und die alten Dielenbretter knarrten bei jedem Schritt. Er würde mit seiner Mutter oben in einem großen Zimmer wohnen mit Blick auf die Wiese und auf den Wald. In der Küche befand sich ein Esstisch, der in der Mitte neben einem Kachelofen stand. Im Winter war es immer sehr warm, dafür hatte Oma Hilde vorgesorgt. Im Sommer wurde Holz gehackt und gestapelt. Sie bekam das Holz von einem Waldbauer aus der Nachbarschaft. Waldbauer Moser besaß einen Wald und handelte mit Bäumen. Da im Wald der Anbau von Gemüse oder Getreide wegen der vielen Bäume und der geringen Sonneneinstrahlung sehr schlecht möglich war, hatte er sich auf die Aufzucht, die Pflege und das Fällen von Bäumen spezialisiert. Und mit dem Holz finanzierte er seinen Lebensunterhalt. „Na, wie war eure Fahrt?", fragte Oma Hilde. „Wir sind recht gut durchgekommen, obwohl immer mehr Autos unterwegs sind. Es werden jedes Jahr mehr. Wenn die Menschen alle auf dem Land wohnen würden, bräuchten sie gar nicht so große Strecken fahren, um in Urlaub zu fahren", meinte seine Mutter. „So, nun gibt es erst einmal für jeden ein recht großes Stück Erdbeerkuchen. Ich habe auch bereits die Sahne geschlagen." Sie verteilte mit einem Tortenheber ihren wundervollen Erdbeerkuchen. ‚So ist sie die Oma', dachte Tobias und nahm ein großes Stück köstlichen Erdbeerkuchen in den Mund. Seinem Lieblingskuchen konnte er einfach nicht widerstehen. Oma erzählte von ihren Erlebnissen im letzten Jahr, von den drei kleinen

Katzenkindern, die erst vor vier Wochen geboren wurden und von ihrer kranken Kuh Elsa, die der Tierarzt behandeln musste. „Darf ich in die Scheune, um nach den kleinen Katzen zu sehen?" „Ja geh ruhig, ich werde gleich die Koffer auf unser Zimmer bringen", sagte seine Mutter. Er ging schnell zur Scheune. Die große Scheunentüre knarrte beim Öffnen, aber niemand war zu sehen. ‚Die Kuh und die Ponys werden auf der Wiese sein. Aber wo waren die Katzen?' Tobias versuchte so leise wie möglich weiter zu gehen und schaute hinter die einzelnen Tierboxen. Vor einigen Jahren waren hier noch viele Kühe. Aber mittlerweile war Oma der Meinung, dass die Arbeit ihr zu viel wurde und eine Kuh schließlich ausreichend Milch gab. Leise ging er weiter. Aber wo er auch hinschaute konnte er weder Katzenkinder noch die Katzenmutter sehen. ‚Aber heute Abend werde ich es mit Milch probieren. Dann geh ich jetzt am besten auf den Hügel und schaue ins Tal. Vielleicht kann ich ja einen Bussard am Himmel entdecken.' Im letzten Jahr hatte er sogar drei dieser Raubvögel gesehen. Beim Fliegen riefen sie sich gegenseitig mit einem eigenartigen Laut.

Ein Erlebnis der anderen Art

Tobias setzte sich ins Gras. Er sah über die Wiese auf den gegenüberliegenden Waldrand. Die Luft roch förmlich nach Sommer. Viele bunte Blumen auf der Wiese verströmten einen süßen Duft. Er spürte die Sonnenstrahlen auf der Haut. ‚Das ist ja ein super Sommertag', dachte er, als er eine Stimme hörte. „Du bist auf einer Entdeckungsreise zu dir selbst und dieser Welt." „Wer spricht denn da?" Tobias drehte sich erschreckt um, konnte aber niemand sehen. „Nun, ich bin Maria und zurzeit kannst du mich nur hören und noch nicht sehen." „Wieso kann ich dich nicht sehen und nur hören?" „Nun, auf deiner Ebene nimmst du mich auf meiner Ebene noch nicht wahr. Das hat nur mit deiner Wahrnehmung zu tun, die noch nicht so entwickelt ist wie es sein könnte." „Aber warum sprichst du mich an? Was habe ich denn mit dir zu tun?" „Nun mal keine Angst. Ich soll dich unterstützen, deine Wahrnehmung zu schulen, denn in deiner Schule wird das nicht mehr unterrichtet. Wenn du Lust hast, kann ich dir helfen, die Welt in ihren verschiedenen Bereichen wahrzunehmen. Und eins ist sicher, du musst weder Klassenarbeiten schreiben noch gibt es schriftliche Hausaufgaben." „Aber, warum gerade ich? Gibt es nicht viele andere Kinder, die du ansprechen könntest?" „Die gibt es sicherlich, aber irgendwo müssen wir bei irgendjemand anfangen und für dich bin ich nun mal zuständig. Aber du hast den freien Willen, selbst zu entscheiden, ob du Interesse hast oder auch nicht." „Und wenn ich nun nicht will, habe ich dann eine Strafe zu erwarten?" „Es gibt keine Strafe für dich, nur hast du die Möglichkeit in deiner persönlichen Entwicklung einen großen Sprung zu machen. Und das hat dann auch wieder Auswirkungen auf andere Menschen, die du dann unterstützen könntest." „Ich weiß nicht so richtig. Wenn ich das meiner Mutter und meiner Oma erzähle, halten sie mich doch für verrückt, und zu Hause in der Schule werden mich meine Freunde auslachen." „Das ist nun ein großes Problem in deiner Welt. Die Erwachsen haben es verlernt, wahrzunehmen, ihre Eltern haben es ihnen auch nicht beigebracht. Und nun sind sie auch Eltern und meinen, dass es so etwas nicht gibt. Das ist auch der Grund, warum es noch eine Weile dauern wird, den Menschen ihre unterdrückten und verloren geglaubten Fähigkeiten wieder in die Erinnerung zu bringen." „Aber willst du denn jeden Menschen auf dieser Welt ansprechen?" „Natürlich nicht, denn das könnte ich alleine nicht schaffen. Es ist ja auch nur ein Weg durch den direkten Kontakt, es gibt aber auch noch andere Wege. Das muss dich jetzt aber gar nicht interessieren." „Du bist wichtig für diese Welt. Ob du das nun glauben willst oder nicht, es ist so." „Ist denn jedes Kind gleichermaßen wichtig?"

„Ja Tobias, denn ihr Kinder habt noch eine Offenheit für die Welt und die Natur in ihrer Vielfalt und die Neugierde für dieses Abenteuer 'Leben'. Und das wird die Menschheit und die Erde weiterbringen. Denn durch die Wahrnehmung wirst du achtsam sein gegenüber der Erde, den Menschen, den Tieren und Pflanzen. Wären alle Menschen in ihrer Wahrnehmung geschult, dann wäre es nicht möglich, dass jemand seinen Müll hier im Wald ablädt, Schadstoffe in die Umwelt abgibt oder auch Kriege führt. So, nun lasse ich dich erst mal in Ruhe. Wenn du willst, kannst du ja morgen noch mal vorbeischauen. Setze dich dann hier auf denselben Platz. Ich werde dann da sein." „Egal wann ich komme?" „Ja gleichgültig ob vormittags oder nachmittags. Ich bin immer da, ob morgens, mittags oder abends." „Auch in der Nacht?" „Mach dir mal lieber über dich und mein Angebot Gedanken. Was ich nachts mache ist jedenfalls zurzeit nicht so wichtig für dich. Noch eine Weisheit für dich: Alles Wissen beginnt mit dem Glauben. Schreibe dir am besten diesen Satz gleich auf, wenn du auf den Hof zurückkommst."

Tobias beschäftigten einige Gedanken auf seinem Rückweg zum Bauernhof. ‚Was ist das für ein wichtiger Satz? Und woher weiß diese Stimme mit Namen Maria überhaupt meinen Namen, und dass ich auf dem Hof bei meiner Oma wohne? Ich höre Worte, unterhalte mich, aber kann niemanden sehen. Wenn ich das meiner Mutter erzähle, wird sie glauben, dass ich spinne. Sie sagt ja immer, ich soll nicht so viel träumen. Aber könnte ich eventuell Oma mal fragen, ob es so etwas gibt? Aber woher soll sie denn das wissen? Sie ist ja erwachsen und die Erwachsenen sollen die Wahrnehmung ja verloren haben. Oder ist sie eine Ausnahme?' Tobias war recht verwirrt, als er wieder auf dem Bauernhof eintraf. „Hallo Tobias!" Oma kam gerade aus ihrem Bauernhaus. „Hast du Frau Jansen und ihre Katzenkinder gesehen?" „Nein leider nicht, Oma. Sag mal, wo sind denn die kleinen Katzen versteckt?" „Die wohnen hinter der Scheune in dem alten Schuppen. Wenn du willst, kannst du dir eine Schale nehmen und diese mit Milch füllen. Frau Jansen und die Kätzchen warten bestimmt schon, denn es ist ja bereits 17:00 Uhr. Gegen 17:00 Uhr bringe ich ihnen jeden Tag die Milch." Er holte Omas mittlere Milchschale aus dem Küchenschrank, füllte sie mit Milch und machte sich auf den Weg. Hinter der Scheune bog er links ab und stand nun vor dem kleinen Schuppen. Als er die knarrende Tür öffnete, raschelte es. Und wieder war keine Katze zu sehen. Er stellte die Schale in den Eingang. Leise ging er ein Stück zurück. Tobias wusste von jungen Katzen, dass diese sehr scheu waren, solange sie sich noch nicht an Menschen gewöhnt hatten. Und dann sah er auch die Katzenmutter. Eine schwarze Katze mit weißem Lätzchen und einem schwarzen Gesicht bis an die Ohren. Dazu trug sie einen weißen Katzenschnäuz und hatte weiße Vorder- und Hinterpfoten. Kaum war Frau Jansen an der Schale, schauten auch ihre drei Katzenkinder hinter einem Holzstapel hervor. Zuerst folgte ein weißes Kätzchen mit schwarzen Flecken, ähnlich wie die Kuh Elsa, ihrer Mutter an die Milchschale. Die zwei anderen, beide vollkommen schwarz wie ihre Katzenmutter mit weisen Pfötchen vorne und hinten, kamen etwas vorsichtiger zur Milchschale. ‚Oh, sind die süß, die würde ich alle drei gerne mal streicheln.'

„Oma, was muss ich denn machen um die Kätzchen zu streicheln?", fragte Tobias, als er die leere Milchschale in der Bauernhofküche in das Spülbecken stellte. „Das ist nicht so einfach. Du musst ihr Vertrauen gewinnen. Wenn sie wissen, dass du freundlich und lieb zu ihnen bist, kommen sie von ganz alleine. Du könntest ihnen ja jeden Abend um 17:00 Uhr die Milch bringen. Dann können sie dich gleich kennenlernen. Aber du solltest Geduld haben. Freunde dich am besten erst mal mit Frau Jansen an und dann warte ab. So klein wie sie sind, werden sie sich immer in der Nähe der Mutter aufhalten. Du könntest ja auch die Katzensprache lernen." „Aber so etwas gibt es doch gar nicht, Katzen können nicht sprechen." „Sprechen nicht, aber sie unterhalten sich schon miteinander." „Wie soll denn das gehen?" „Beobachte sie mal, und höre genau hin." „Du bist aber schlau, warst du das auch schon als kleines Mädchen." „Nein, nein", lachte Oma. Aber mit den Jahren erwirbt man immer mehr Lebenserfahrung, wenn man offen für die Welt ist und auch bleibt." ‚Jetzt spricht sie ja schon wie diese Stimme mit dem Namen Maria vorhin auf der Wiese'.

„Sag mal", doch als er seine Frage nach Maria stellen wollte, rief seine Mutter aus der oberen Etage. „Tobias komme mal nach oben und helfe mit beim Auspacken!" Als alles in den Schränken eingeräumt war, gingen beide in die Küche. Oma hatte in der Zwischenzeit bereits den Tisch für das Abendessen gedeckt. Es roch nach frischem Brot. Sie hatte den Teig für das Brot bereits heute Vormittag vorbereitet. Dazu hatte sie von einem anderen Bauernhof frischen Bergkäse geholt. An einem großen Käsestück konnte sich jeder, der wollte, eine Scheibe mit einem Käsemesser abschneiden. „Ich habe auch noch Erdbeermarmelade aus dem letzten Jahr. Wenn du willst kannst du dir ein Glas holen." „Wo steht denn die Marmelade?" „In meiner Speisekammer, dort gibt es auch noch Blaubeer- und Himbeermarmelade. Such dir am besten eine aus." Tobias kannte den Weg in Omas Speisekammer noch aus dem letzten Jahr. Diese lag links unter der Treppe im Flur. Oma hatte dort auch ihre Kartoffeln eingelagert. Der Schlüssel steckte immer in der Türe. Diesen drehte er im Schloss um und drückte die Türklinke nach unten. Leise knarrte die Türe. Rechts neben der Türe befand sich der Lichtschalter. Das Licht war nicht gerade sehr hell. An der rechten Wand waren drei Reihen von Regalbrettern angebracht. Auf der unteren Reihe standen die Marmeladengläser aufgereiht. Alle Gläser waren sehr sorgfältig beschriftet. Auf den Schildern stand Blaubeere, Himbeere und Erdbeere. Er nahm das letzte Glas Erdbeermarmelade aus dem Regal. Über den Marmeladegläsern hatte seine Oma noch verschiedene Sorten von Gurkengläsern gestapelt. Da Tobias nur 1,60 m groß war, konnte er nicht lesen, was auf den Gläsern stand. Geradeaus vor ihm stand die Kartoffelkiste. Auf der linken Speisekammerseite waren verschiedene Obstkisten gestapelt. In diesen waren Zwiebeln und Äpfel gelagert. Von der Decke hingen noch einige Würste und ein großer Schinken. Sie hatte ihm mal erzählt, dass ihre Wurst- und Schinkenvorräte immer an Bindfäden von der Decke hingen, wenn in ihrem Kühlschrank nicht ausreichend Platz war. Das sollte es den Mäusen unmöglich machen, dort hinzukommen. Er verschloss den Raum wieder sorgfältig. „Na, welche Marmelade hast du dir ausgesucht?" „Die mit den Erdbeeren." „Das wusste ich", antwortete Oma. „Die neuen Erdbeeren sind sicherlich bis Ende der Woche schon reif geworden. Das Wetter soll ja sehr sonnig und warm bleiben. Dann könnten wir wieder Erdbeermarmelade einkochen. So ein Vorrat reicht dann immer bis in das nächste Jahr. Wenn du willst, kannst du mir ja dabei helfen." „Wie viele Gläser willst du denn einkochen?" „Na so an die 50 Gläser" Dann könnt ihr ja auch noch einige davon mit nach Hause nehmen." Die beiden Frauen unterhielten sich noch angeregt den gesamten Abend. Da sie sich Monate nicht gesehen hatten, gab es viel zu berichten. Tobias setzte sich auf die Bank die vor der Hoftür stand. Es war noch sehr warm und die Luft roch nach Heu. ‚So ist das nun auf einem Bauernhof, eine ganz andere Welt als in der Stadt. Schade, dass ich Oma meine Frage nicht stellen konnte. Ich glaube sie ist sehr weise. Gleich morgen früh werde ich ihr beim Frühstück helfen, dann kann ich sie nach ihrer Meinung fragen.'

Am nächsten Tag erwachte Tobias bereits um 5:45 Uhr. Müde schaute er auf seinen Wecker. ‚Wieso bin ich schon wach, der Wecker hat doch gar nicht geklingelt', fragte er sich. Da hörte er es wieder. Ein lautes Kickerieki, Kickerieki, Kickerieki. Tobias wusste, es konnte nur Rüpel, der Hahn und Chef von den fünf Hennen sein, der den neuen Tag begrüßte. Er zog sich die Decke über den Kopf. ‚Das ist ja nicht zum Aushalten. Der Wecker soll mich doch erst um 7:30 Uhr wecken.' Einige Minuten hörte er noch den Hahn Rüpel, dann war er wieder tief eingeschlafen. Das nächste Geräusch, das ihn weckte, war die Stimme seiner Mutter. „Tobias, du musst aufstehen. In zehn Minuten gibt es Frühstück." „Wieso, was ist denn los? Wie spät ist es?" „Wir haben 7:50 Uhr. Hast du deinen Wecker gar nicht gehört?" „Nein, habe ich nicht", antwortet er müde. Ich gehe gleich ins Bad zum Waschen und Zähne putzen." „Und ich gehe schon mal in die Küche und helfe Oma beim Tisch decken." Eigentlich wollte er helfen und endlich seine Frage nach seinem gestrigen Erlebnis stellen. Aber der Hahn Rüpel hatte alles durcheinander gebracht. ‚Hätte der mich nicht so früh geweckt, wäre ich nicht wieder so tief eingeschlafen.' Als er die Treppe runterging, knarrte jeder seiner Schritte auf den alten Holzdielen. Im Haus duftete es nach Kaffee und frischem Brot. Oma war mit dem Hahn Rüpel aufgestanden, hatte einen Brotteig geknetet und bereits ein Brot und sechs Brötchen gebacken. So war sie, die Oma. Voller Freude über den Besuch wollte sie ihren Enkel und ihre Tochter so richtig verwöhnen. Natürlich hatte sie für ihn bereits eine große Kanne Kakao gekocht. „Na, hast du gut geschlafen Tobias?" „Ja schon, wenn doch der Hahn nicht so früh gekräht hätte, hätte ich den Wecker gehört und dir hier in der Küche geholfen." „Na, wie du siehst, haben wir es heute Morgen auch ohne dich geschafft. Ihr habt ja auch Urlaub, und dazu gehört, sich auszuruhen und das zu machen, wofür man sonst keine Zeit hat. So, und nun frühstückt erst einmal." Oma hatte selbstgemachten Käse, dann noch den Bergkäse von gestern Abend, ihre berühmte Erdbeermarmelade und etwas Schinken und Wurst sehr schön auf zwei Tellern angerichtet. Auch Servietten gab es. Das fand Tobias eigentlich etwas komisch. Bei ihm zuhause gab es nur Servietten, wenn er Geburtstag hatte oder irgendeine Familienfeier stattfand. Aber Oma hatte so ihre Ordnung, und das hatte sie von ihrer Mutter bereits in frühen Kinderjahren gelernt. Ordnung war ihr immer sehr wichtig, jeder Teller im Schrank hatte seinen Platz, der Keller war genauso aufgeräumt wie alle anderen Zimmer im Haus und genauso war es auf dem Hof. Jedenfalls war immer alles recht übersichtlich. Sie sagte immer: Ordnung ist das halbe Leben. Nach dem Frühstück ging sie in den Garten und wollte sich dort um ihre Gurken und die Tomatenzucht kümmern. Seine Mutter hatte sich im Dorf mit einer alten Schulfreundin verabredet und wurde erst gegen Nachmittag zurückerwartet. Gegen Abend wollte sie wieder in die Stadt zurückfahren. Sie hatte noch viel zu tun und erst in den letzten zwei Ferienwochen von ihrer Arbeitsstelle Urlaub bekommen. So hatte er endlich Gelegenheit, Oma seine Frage zu stellen. Wobei er sich etwas unsicher fühlte. Sie könnte ihn ja auslachen oder als Träumer abtun. Aber wie auch immer, er war sehr neugierig. Sie war ja schon recht weise, hatte viel erlebt und viele Bücher gelesen. Tobias schaute aus dem Fenster und sah noch wie sich seine Mutter verabschiedete. Nun war der Weg frei. Sofort ging er auf den Hof und wollte gerade hinter dem Haus zum Garten abbiegen, als ihn vier große Ponyaugen ansahen. Wobby und Mobby, die beiden Ponys, waren neugierig an das Gatter gekommen, um den neuen Besucher zu begutachten. Tobias konnte sich noch gut an das letzte Jahr erinnern, als er auf Wobby seinen ersten Ausritt machen wollte. Aber ohne Sattel und nur mit Zügeln war es eine recht schwierige Sache gewesen, auf dem Pony sitzen zu bleiben. Und dann wurde er noch abgeworfen und landete in einem großen Kuhfladen, den Kuh Elsa hinterlassen hatte. Es war einfach fürchterlich und noch dazu dieser Gestank. „Na, ihr beiden, geht es euch gut?" Zutraulich wollten beide erst mal zur Begrüßung gestreichelt werden. Die Ponys waren schon immer neugierig gewesen, und seit Oma die beiden von einem Ponyhof vor vielen Jahren übernommen hatte, waren sie jeden Tag richtig fröhlich und interessiert an allen Dingen des Pferdelebens. „Willst du in diesem Jahr noch mal probieren zu reiten?", fragte Oma, die gerade auf den Weg in ihre Küche war. In ihrer Hand hatte sie ein Bündel Küchenkräuter, Rosmarin, Petersilie und Schnittlauch. „Wenn ich diesmal einen Sattel bekomme, könnte ich es noch mal probieren." „Den kannst du gerne haben. Letzte Woche habe ich einen alten und gebrauchten geschenkt bekommen. Diesmal zeige ich dir, wie es geht. Beim letzten Mal wolltest du es ja erst einmal selbst probieren."

„Ich habe da mal eine Frage an dich." „Was willst du denn von mir wissen?" „Glaubst du, dass es möglich ist, im Wald auf der Wiese zu sitzen und eine Stimme zu hören?" „Da hört man natürlich Vogelstimmen, das Rauschen des Waldes, das Knacken von Ästen und viele andere Geräusche." „Ich meine nicht Vogelstimmen oder Geräusche, sondern direkt ein Mensch oder so etwas, der mich anspricht." „Hm, komm mal mit, wir setzen uns auf meine Bank vor der Küche. Lass mich noch schnell die Kräuter in die Küche bringen. Willst du ein Glas Apfelsaft trinken?" „Oh ja, gerne", antwortete er. Tobias setzte sich auf die Bank und wartete. ‚Hoffentlich denkt sie nicht, dass ich verrückt bin.' „So hier hast du dein Glas Apfelsaft. Ich möchte dir eine Geschichte erzählen. Vor einigen Jahren lebte hier in der Nähe ein alter Mann. Du kennst ja vielleicht die alte Berghütte, ungefähr 30 Minuten von hier. Dort hat er in seiner alten Hütte auf einer sonnigen Anhöhe mit einem sehr schönen Ausblick gewohnt. Die Menschen aus dem Dorf haben ihn für verrückt gehalten. Er galt als Sonderling, weil er eben anders war und nicht in das Bild eines Dorfbürgers oder Bauern passte. Er hat sich mit Energien beschäftigt. Ich habe ihn mal durch Zufall kennengelernt. Es ist sicherlich circa vier Jahre her, da machte ich am Sonntagmorgen einen Spaziergang in den Wald. Dort haben wir uns getroffen. Er erzählte mir, dass es hier im Wald, wie auch auf der gesamten Erde, Orte gibt, an denen eine besondere Energie vorherrscht. Auf meine Frage, was es denn mit den Energien auf sich hat, sagte er mir, dass diese Orte so genannte Kraftfelder sind. An diesen Orten können wir uns mit Kraft aus dem Universum versorgen. Er hat mir einen Platz gezeigt, an dem diese Energie sehr stark zu empfinden war." „Oh, können wir da mal hingehen, Oma?" „Das können wir schon, nur muss ich mal überlegen wo es genau war. Vielleicht in den nächsten Tagen. Ich hoffe, ich finde den Ort wieder. Es war eine sehr interessante Erfahrung. Wir Menschen haben gelernt, uns immer nur auf unseren Verstand zu verlassen. Das ist wohl das Problem, dass wir nur noch an das glauben, was wir auch sehen. Das Empfinden und Fühlen, wie zum Beispiel das Riechen von Blumen oder der Geruch der Ponys, das Fühlen, dass mit den Hoftieren etwas nicht stimmt, spielt für den Verstand keine Rolle. Ob er nun auch Stimmen vernommen hat, kann ich dir nicht sagen. Aber eins ist sicher, eine Offenheit gegenüber den Menschen und den Dingen in dieser Welt war für ihn sehr wichtig, und das ist es auch für mich. Warum soll es für dich nicht möglich sein, auch eine Stimme zu vernehmen. Hat die Stimme denn auch einen Namen genannt, bzw. hat sie sich dir vorgestellt? Und was hat denn die Stimme zu dir gesagt?" Tobias erzählte von seinem Erlebnis. Oma hörte sich alles an und sagte: „Und du hast wirklich niemand gesehen?" „Nein" „Was hast du denn nun vor?" „Ich weiß nicht so richtig, etwas Angst habe ich auch." „Was soll denn groß passieren? Also dein Erlebnis, das du mir geschildert hast, ist schon recht seltsam. Und die Worte, die dir gesagt wurden, sind aus meiner Sicht schon sehr weise. Und wie war noch mal der Satz, den du aufschreiben solltest?" „Alles Wissen beginnt mit dem Glauben." „Das ist sehr weise gesagt. Ich musste ja auch erst einmal dem alten Mann glauben und mich auf den Baumstamm setzen, und dann konnte ich selbst erfahren, wie sich diese Energie anfühlte. Jetzt weiß ich es." „Ich denke, ich werde da noch mal hingehen", sagte Tobias. „Ich kann gleich mal los wandern." „Du kannst mir ja nachher berichten, was du erfahren hast." „Soll ich Mama auch davon erzählen?" „Erst einmal nicht. Das hat ja auch noch Zeit, bis sie selbst Ferien hat. Warte erst einmal ab, was du heute erfährst. Aber warte noch einen Moment, ich habe da noch etwas für dich. Komm doch mal mit." Oma ging in ihr Wohnzimmer, dort zu einem Schrank, auf dem eine alte Uhr stündlich die Stunde schlug, und holte aus der Schublade ein kleines Büchlein hervor. „Hier, es ist ein kleines Schreibbüchlein. Dort kannst du deine Weisheiten eintragen, die du erfährst und vielleicht auch noch deine Erlebnisse." Hoch erfreut nahm Tobias das Büchlein von ihr an. Es hatte einen Ledereinband und war recht dick. „Oh, da kann ich aber sehr viel rein schreiben, vielen Dank Oma. Du bist die Größte."

1. Unterrichtsstunde

Tobias setzte sich ins Gras etwa an der gleichen Stelle wie am Vortag. Er schaute auf den Waldrand. Der Wind bewegte die Äste der Bäume und die Sonne schien bereits recht warm. Die Wiese mit den vielen Blumen verströmte einen wundervollen Geruch, es roch förmlich nach Sommer. Tobias überlegte, ob er wohl Worte für diesen Sommergeruch finden konnte, um seiner Mutter davon zu erzählen. Es roch erdig und immer wieder kam ein süßer Blumenduft vorbei, angetrieben durch den leichten Wind. Aber Worte für diesen Geruch, für diese Empfindung gab es nicht. Der Verstand war wohl nicht in der Lage, hierfür Worte zu finden. Tobias sah auf den Waldrand. Dort standen viele Bäume, die Blätter waren alle grün und doch unterschiedlich in der Farbe. In der Schule hatte er etwas von hellgrün, dunkelgrün oder Ocker gehört, und auch bereits im Kunstunterricht damit gemalt, aber so viele Grünfarben waren ihm noch nie aufgefallen. Es waren wohl an die 8 oder 9 unterschiedlichen Töne und zum Teil nur ein wenig unterschiedlich. Aber gab es überhaupt noch Farbbezeichnungen dafür?

„Schön, dass du wieder da bist, Tobias." Etwas erschreckt schaute er sich um. „Du brauchst keine Angst zu haben. Noch kannst du mich wohl hören, aber noch nicht sehen. Wenn du dich dafür entscheidest, den kleinen Lehrgang mitzumachen, und du bist noch etwas unsicher, dann wirst du mich bald noch besser wahrnehmen können. Du hast gerade über die vielen Grüntöne nachgedacht." „Woher weißt du denn meine Gedanken, Maria?" „Na, auf meiner Ebene ist es gar nicht so schwer, Gedanken zu lesen. Du hast schon einiges wahrgenommen, den Geruch, die Farben, den Wind und die Sonne auf der Haut. Aber es gibt noch viel mehr wahrzunehmen. Hast du denn Lust an unserem kleinen Lehrgang teilzunehmen, Tobias?" „Ja schon, wie lange soll das denn alles dauern?" „Ich denke wir benötigen 6 + 1 Unterrichtsstunde. Das können wir also gut in deinen Sommerferien schaffen. Zeit zum Forschen, Spazieren gehen und was du sonst noch anstellen willst, hast du selbstverständlich." „Dann lass uns doch heute beginnen." „Gerne. Hast du dir schon mal die Frage gestellt, wer du bist?" „Na ja, ich bin Tobias aus Fröhlichstadt und der Sohn meiner Mutter und meines verstorbenen Vaters." „Und hast du dir schon mal überlegt, wo dein Vater nun ist?" „Meine Oma und Mutter sagen immer, dass er im Himmel ist. Ich kann mir das alles so nicht vorstellen." „Ein wenig haben die beiden auch Recht, nur gibt es in dem Sinne nicht den Himmel, wie du ihn über dir siehst. Es ist, wenn du so willst, eine geistige Welt. Und da ist auch dein Vater." „Könnte ich denn mit ihm Kontakt aufnehmen?" „Das würde schon gehen, ist aber so nicht beabsichtigt. Genau genommen sind alle Menschen geistige Wesen, die auf dieser Welt geboren werden und dann nach einiger Zeit, die Menschen sprechen von dem Tod, wieder in diese geistige Welt zurückkehren. So wird es irgendwann mit deiner Oma und deiner Mutter

15

sein, wie auch mit dir." „Das möchte ich aber nicht. Meine Oma und meine Mutter sollen ewig leben." „Das ist auf einer menschlichen Ebene, von der du das so betrachtest, auch durchaus nachvollziehbar. Es sind aber in dieser Welt, die du wahrnimmst bestimmte Regeln und Abläufe vorgesehen. Überlege mal weiter. Wo war denn deine Mutter wohl bevor, sie auch die Welt kam? Oder wo warst du denn, bevor du geboren wurdest?" „Das weiß ich nicht, aber nach dem, was du mit erzählt hast, waren wir wohl in dieser sogenannten geistigen Welt. Aber was wir da gemacht haben, kann ich mir nicht vorstellen." „Na, das ist auch erst mal gar nicht so wichtig. Wenn also alle Menschen geistige Wesen sind, und sowohl vor als auch nach ihrem Leben auf diesem Planeten weiterleben, könnte man dann diese Welt nicht auch als eine Durchgangswelt bezeichnen?" „Na ja, das mag ja schon stimmen, aber was soll denn dann das Ganze?" „Eine berechtigte Frage, die Antwort wirst du noch erfahren. Aber noch einmal zurück zu dir und deinen Eltern. Wenn also du und deine Eltern, bevor sie auf dieser Erde geboren wurden, bereits in einer geistigen Welt existiert haben, stellt sich doch die Frage: Wer oder was hat dich und deine Eltern geschaffen? Hast du da eine Idee?" „Na ja, meine Oma sagt immer, dass alles von Gott kommt." „Die Menschen sprechen sehr oft von Gott und im Laufe der Jahrtausende haben sie immer wieder neue Sichtweisen und Verhaltensweisen entwickelt. Auch die Bilder und Vorstellungen von einem Gott sind sehr unterschiedlich auf der Erde. Das Ziel der meisten Menschen war, einem Gott zu dienen und ihn freundlich zu stimmen. Und viele Menschen haben das Bild von einem Gott, der weit weg ist und sie vergessen hat. Es ist so, dass die gesamte Schöpfung, das ist alles, was du zurzeit wahrnimmst und noch vieles mehr, seinen Ursprung hat. Das bezeichnen die Menschen mit Gott oder einem anderen Begriff, je nach Religion." „Warum haben denn die Menschen so viele unterschiedliche Religionen? Meine Oma ist wohl katholisch und eine meiner Tanten evangelisch. Was ist denn besser?" „Es gibt aus Sicht der geistigen Welt keine bessere oder schlechtere Religion. Es kommt auf den einzelnen Menschen an, ob er sich auf die Suche macht und über seinen Tellerrand hinausschaut. Jeder Mensch hat einen Ursprung, und der ist nun mal bei allen Menschen gleich, nur die meisten haben vergessen, wer sie wirklich sind. Für heute reicht es erst einmal. Ich denke, du hast viele Informationen erhalten, die dich noch etwas beschäftigen werden. Noch eine Weisheit für dich: Das Leben ist ein Spiel des Lebens. Ich würde mich freuen, wenn du morgen um 13:00 Uhr wieder kommst. Es gibt noch viel für dich zu erfahren und zu erleben." „Warum denn gerade um 13:00 Uhr?" „Weil es für dich und alle Menschen wichtig ist, sich an die Zeiten zu halten. Das gibt dir die Sicherheit, dass ich Zeit für dich habe und schafft zusätzlich Ordnung in deiner Tagesplanung."

Tobias machte sich auf den Heimweg. Er hätte nicht gedacht, in seinen Ferien auch noch in die Schule zu gehen. Er musste zum Glück nicht so früh aufstehen, aber es war schon interessanter als ein Diktat in Deutsch oder eine Hausaufgabe in Mathematik. Und Schulaufgaben hatte er bisher auch nicht bekommen. Tobias war ganz in Gedanken. ‚Wie das wohl mit dem Gedankenlesen geht?' Aber noch wichtiger war wohl die Frage nach dem ‛Wer bin ich?' Also wenn das so stimmte, dann war er, Tobias, wohl nur vorübergehend auf dieser Erde. Ob es dann auch möglich war, auf dem Mond, auf dem Saturn oder einem anderen Planeten geboren zu werden. Und wenn ich nun ein geistiges Wesen bin und nur vorübergehend auf dieser Welt, dann müsste ich doch auch eine Bestätigung dafür finden. Wie sieht denn überhaupt so ein geistiges Wesen aus? Fragen über Fragen. Die wollte er gleich morgen seiner Lehrerin stellen. Es war zwischenzeitlich schon 15:30 Uhr geworden. Die richtige Zeit für ein Stück Erdbeertorte. Sicherlich hatte Oma noch das eine oder andere Stück für ihn aufbewahrt. Auf dem

Hof angekommen ging er gleich in die Küche. Oma stand bereits wieder an ihrem Herd und kochte eine Hühnersuppe. Die Suppe sollte es zum Abendessen geben. Sie freute sich, als sie ihren Enkel sah und sagte: "Ich habe noch Erdbeertorte für dich. Wie wäre es mit einem Stück und einer Tasse Kakao?" „Oh, das wäre super." „Wenn du mir noch schnell ein paar Stängel Pfefferminze aus dem Garten holen könntest, wird bei deiner Rückkehr alles auf dem Tisch stehen." „Woran erkenne ich denn die Pfefferminze, Oma?" „An den spitzen grünen Blätter und ihrem Geruch. Wenn du mit den Fingern an einem Blatt reibst, kannst du es dann an deinen Fingern förmlich riechen. Und wie Pfefferminze schmeckt und riecht, weißt du ja. Du findest die Kräuter vorne rechts gleich neben der Gartentüre." Tobias ging in den Garten, hier neben der Gartentüre waren viele grüne Kräuter zu sehen, und mindestens zwei hatten auch noch spitze Blätter. Mit Omas Trick musste es ja klappen, die Pfefferminze zu finden. Tobias rieb an dem ersten spitzen grünen Blatt. Der Geruch war aber eher zitronig als pfefferminzig. Das muss wohl was anderes sein. Beim nächsten Blatt roch es dann zum Glück nach Pfefferminze. Tobias knickte vorsichtig vier Stängel ab. Die Wurzel musste in der Erde bleiben, denn dann war sichergestellt, dass die Pflanze auch wieder nachwuchs. Stolz ging er in die Küche zurück. „Schön, dass du sie gefunden hast." „Sag mal, Oma, meine Finger rochen nach Zitrone bei meinem ersten Versuch, die Pfefferminze zu finden." „Ja das ist möglich, es gibt auch noch Zitronenmelisse. Damit verfeinert man Speisen um einen Zitronengeschmack zu bekommen. Ein guter Ersatz für Zitronen, denn die wachsen ja nicht in meinem Garten. So, nun iss erst einmal ein großes Stück Erdbeertorte." Gegen 16:00 Uhr kam seine Mutter von dem Besuch mit ihrer Schulfreundin zurück. Tobias hörte die Motorengeräusche. Er war gerade mit einer Schale warmer Milch auf den Weg zu der Katzenmutter Frau Jansen und ihren Katzenkindern. Heute wollte er nicht nur die kleinen Kätzchen endlich mal streicheln, sondern auch mehr über die Katzensprache erfahren. Hatte Oma nicht gesagt, dass die Katzen sich verständigen können? Wenn es wirklich wahr sein sollte, müsste er diese Sprache erlernen können. Es knarrte, als er die Schuppentüre öffnete. Niemand war zu sehen. Er stellte die Milch in die Nähe der Türe. Nun musste er nur warten. Frau Jansen sollte nach Omas Aussage ganz verrückt nach Milch sein. Und da war sie auch schon. Sie schnurrte laut, und selbst beim Milchtrinken hörte man ihr Schnurren. Sie schien sich sehr zu freuen, denn Schnurren war bei Katzen immer ein Zeichen von großer Freude und Wohlbefinden. Aber wie sollte er denn das Schnurren lernen? Oma wusste bestimmt Rat. Frau Jansen ließ sich streicheln. Hinter einem Holzstapel schaute ein kleines Kätzchen hervor. Es war wohl sehr neugierig, aber auch recht scheu. Und nun schauten noch ein zweites und auch das dritte hinter dem Holzstapel hervor. Sie sahen, dass Tobias ihre Mutter streichelte. Doch waren sie sehr vorsichtig. Ein Kätzchen, das Frau Jansen zum Verwechseln ähnlich sah, kam langsam näher. ‚So musste Frau Jansen als kleines Kätzchen ausgesehen haben', dachte Tobias. Sobald er seine Hand in Richtung Holzstapel hielt, waren die kleinen Katzenkinder sofort verschwunden. Frau Jansen hatte inzwischen die Hälfte der Milch getrunken und die Folge war, dass sie nun ein weißes Milchbärtchen hatte. Er ging langsam zurück und schloss die knarrende Tür. Hier war ein Spalt, durch den er in das Innere des Schuppens sehen konnte. Frau Jansen rief ihre Kinder, es waren keine Worte, sondern eher ein Gurren. Das musste wohl zur Katzensprache gehören. Die Kleinen kamen gleich angelaufen. Auch sie wollten die Milch probieren. Vor lauter Übermut sprang ein Kätzchen in die Schüssel. Diese kippte um und die restliche Milch floss über den Schuppenboden. Alle drei tranken noch etwas aus den Milchpfützen und sprangen danach wild auf einigen herumliegenden Holzbalken herum. Oma Hilde war gerade mal wieder am Brot backen und unterhielt sich mit ihrer Tochter. Tobias Mutter hatte bereits ihren kleinen Koffer gepackt und wollte nach dem Abendessen wieder nach Fröhlichstadt zurückfahren. „Ich habe Frau Jansen und die Katzenkinder beobachtet", berichtete Tobias. Und so erzählte er den beiden von seinem Erlebnis. „Oma, kannst du mir die Katzensprache lernen? Wie kann ich denn das Schnurren und Gurren üben?" Oma lachte. „Na ja, Schnurren und Gurren kann ich auch nicht. Du hast ja gehört, dass Frau Jansen durch diese Töne auf sich aufmerksam macht. Und du hast auch schon selbst erlebt, dass Schnurren bei Katzen Ausdruck einer großen Zufriedenheit ist. Mit dem Gurren ruft Frau Jansen die Kinder, dann wenn keine Gefahr besteht. Also für dich wird der Weg nur über Frau Jansen zu den Kätzchen führen. Du kannst versuchen sie langsam an das Streicheln zu gewöhnen. Am besten ist es, wenn sie neben ihrer Mutter Milch trinken oder sich bei ihr aufhalten. Das braucht aber seine Zeit. Wichtig ist, dass du die Katzen, und das betrifft alle, nicht direkt in die Augen starrst. Blinzle einfach mehrfach hintereinander, auch das ist für sie ein Zeichen, dass du ihnen freundlich gesonnen bist. Du siehst, auch Tiere verständigen sich untereinander, obwohl sie nicht sprechen können." „Das hätte ich nie gedacht. Das so etwas möglich ist!" „Tobias, wenn du offen für diese Welt bist und bleibst, wirst du noch viel entdecken. Auch ich lerne mit meinen 72 Jahren jeden Tag etwas Neues. Du hast dich bestimmt gewundert, dass ich keinen Fernseher besitze." „Ja, schon, und ich finde es traurig, meine Lieblingssendungen nicht sehen zu können." „Du bist also schon in einer gewissen Abhängigkeit. Aber nun gibt es wirklich interessante Sendungen, da stimme ich dir völlig zu, aber der größte Teil der Filme und Reportagen sind sehr oberflächlich und geben dir immer nur einen winzig kleinen Teil der Wirklichkeit wieder. Da ist es schon interessanter, sich mit dem wirklichen Leben abzugeben. Ein Fernseher kann dir nicht das Gefühl von Wind oder Wasser auf der Haut geben, noch kannst du die vielfältigen Düfte und Gerüche der Natur empfinden. Auch wirkliches Glück wirst du weder vor diesen komischen Kisten finden, noch bekommen. Ist es da nicht interessanter, sich mit sich selbst und der Welt zu beschäftigen? So und nun deckt mal den Tisch, ich denke in einer halben Stunde wird meine neue Brotvariation fertig sein. Ich habe da ein neues Rezept entwickelt. Last euch überraschen." Nach dem Abendessen verabschiedete sich seine Mutter. Tobias war etwas traurig, sie nun einige Wochen nicht mehr zu sehen. Er freute sich jedoch schon auf die gemeinsamen Ferienwochen. Bei Oma Hilde war ihm nie langweilig. Hier auf dem Hof konnte er viel entdecken und in diesem Jahr das Reiten auf den Ponys lernen.

2. Unterrichtsstunde

Tobias schaute auf die Uhr. Es war gerade 12:40 Uhr, Oma hatte die Hühnersuppe für ihren Enkel und sich bereits auf den Tellern verteilt. Das konnte knapp werden mit seiner Verabredung. Zum Glück war die Suppe nicht so heiß. Er löffelte schnell bis der Teller leer war. Und schon hatte er die nächste Kelle auf dem Teller. Oma war sehr gastfreundlich, aber das konnte einem schon 'auf den Keks gehen'. „Oma, ich will nicht mehr, ich muss zu meiner Verabredung." „Du hast doch Ferien, musst du denn auch jetzt unter Zeitdruck sein?" „Nein, aber mir ist es wichtig, pünktlich zu sein." „Nun iss noch die Suppe auf und dann kannst du sofort los." Er beeilte sich und war gerade noch pünktlich bei seiner Verabredung. Sein Atem ging schnell, weil er den Berg hochgelaufen war. Es hörte sich eher wie ein Schnaufen an, das stark an die beiden Ponys erinnerte. „Schön, Tobias, dass du so pünktlich bist", begrüßte Maria ihren Schüler. „Aber nun musst du erst einmal etwas ausruhen. Dein Atem muss erst einmal langsamer und ruhig werden. Wer schnell atmet kann nicht so gut denken und somit noch nicht die Fragen stellen, die für einen Lernerfolg sehr wichtig sind." Nach gut zwei

Minuten atmete er ganz ruhig. „Du siehst, es ist immer wichtig, ruhig zu werden, das ist der Weg für dich, sowie für alle Menschen. Die meisten Menschen sind den gesamten Tag im Stress und selbst wenn sie dann nach Hause kommen, finden sie keine Möglichkeit, sich Ruhe zu gönnen. Sie lenken sich immer wieder mit allen möglichen Dingen ab. Meist schauen sie fern. Dabei wäre es sehr wünschenswert und auch notwendig für sie selbst und diese Welt, zur Ruhe zu kommen und nur für sich selbst da zu sein. Denn die Entdeckungsreise zu sich selbst ist ein großes Abenteuer. Und die hat nun auch für dich begonnen. Erst einmal zu deinen Fragen." „Woher weißt du, dass ich Fragen habe? Ach so, du kannst ja meine Gedanken lesen. Warum fragst du mich denn dann noch?" „Weil es wichtig ist, dass du deine Fragen stellst. Gedanken sind nun mal Gedanken, einige werden durch deine Worte in diese Welt gebracht, andere hingegen verschwinden wieder oder sie beschäftigen dich für eine gewisse Zeit." „Wenn es nun wirklich so ist, dass alle Menschen auf der Welt Geistwesen sind, dann könnten sie doch auch bestimmt auf anderen Planeten leben? Also meine Frage, leben denn Menschen auch auf dem Mond oder auf einem anderen Planeten? Könnte ich da auch geboren werden?" „Du hast das schon richtig überlegt. Die Menschen sind Geistwesen, du könntest sie auch als Sternenwesen bezeichnen. In der Milchstraße, die du aus dem Schulunterricht kennst, sind keine weiteren Planeten bewohnt. Es gibt noch einige weiter entfernte Planeten auf denen Menschen, ähnlich wie hier auf der Erde leben. In der persönlichen Entwicklung seiner Bewohner liegt die Erde aber auf einem der hinteren Plätze. Natürlich könntest du auch auf einem anderen Planeten, der für eine geistige Entwicklung vorgesehen ist, geboren werden." „Dann hätte ich noch die Frage nach den Geistwesen. Wie sehen denn diese überhaupt aus?" „Du stellst also die Frage nach dir selbst. Wenn du in den Spiegel schaust, erkennst du dich und deinen Körper. Und obwohl du ein Geistwesen bist, hast du zusätzlich auf der Erde noch einen materiellen Körper. Dein Geistkörper ist fein-stofflicher Art. Das zu erklären ist nicht ganz einfach. Stelle dir mal einen Regenbogen vor. Da siehst du viele Farben. Wenn du diesen aber berühren wolltest, greifst du ins Nichts. So in etwa sind auch die Geistkörper, sie sind aus einer feinstofflichen Substanz. Zurzeit kannst du den Regenbogen wohl erkennen, aber mich nicht. Wenn du mich sehen könntest, dann wäre es für dich leichter, mir zu glauben. Dein Glaube würde dann zu deiner persönlichen Erfahrung und somit zu deinem Wissen werden."

„Ich habe eine kleine Übung, die dir helfen wird. Am Anfang versuchen die Schüler und Schülerinnen immer alles greifen und somit begreifen zu wollen. Das ist auch erst einmal normal, denn jeder Mensch, der hier auf der Erde für eine bestimmte Zeit geboren wird, lernt schon im Babyalter diese gegenständliche Welt wahrzunehmen. Das ist auch gut so. Der Fehler liegt nur darin, dass die Kinder dann auch dazu erzogen werden, nur die materielle bzw. körperliche Welt als ihre einzige Welt anzuerkennen. Und das ist sehr schade. Du siehst dort einen Baumstamm. Setze dich mal darauf. Achte auf deine Füße, beide müssen mit dem Boden, der Erde Kontakt haben. Das kannst du mit oder ohne Schuhe machen, wie du willst." „Ich lasse mal die Schuhe an." „Nun setze dich so, dass dein Rücken aufrecht und gerade ist. Deine Arme sind angewinkelt und deine Hände sind ausgestreckt. Du kennst das vom Klatschen in die Hände, nur sind diese dabei sehr nah beieinander, bei unserer Übung so ungefähr 40 – 50 cm entfernt. Und nun schließe deine Augen." Tobias schloss die Augen. ‚Was sollte denn das nun werden?' dachte er. „Nun bewege deine Hände langsam aufeinander zu. Wenn du einen leichten Widerstand merkst, dann halte ein und öffne deine Augen." Tobias tat was ihm gesagt wurde. Er bewegte langsam seine Hände immer näher zueinander. Und wirklich, er merkte einen kaum wahrnehmbaren Widerstand und öffnete seine

Augen. Die Hände waren noch ca. 10 cm voneinander entfernt. „Du bist erstaunt? Was hast du gespürt bzw. empfunden?" „Es war ein Kribbeln in den Händen." „Das was du empfunden hast, ist dein Geistkörper. Wenn du diese Übung längere Zeit geübt hast, wirst du noch etwas feststellen." „Ja, und was soll ich dann noch feststellen?" „Lass dich überraschen, entdecke es selbst. Es ist dein Abenteuer. Für heute ist es erst einmal genug mit dem Unterricht. Schreibst du denn die Weisheiten, die ich dir mitteile, immer gleich auf, wenn du auf den Hof zurückkommst?" „Ja, natürlich, ich habe sogar von Oma ein schönes kleines Büchlein geschenkt bekommen." „Kennst du denn noch alle wichtigen Sätze?" „Ja", antwortete Tobias. „Alles Wissen beginnt mit dem Glauben und das Leben ist ein Spiel des Lebens. Bekomme ich denn heute noch eine weitere Weisheit?" „Ja, deine dritte Weisheit lautet: Die Grenzen deiner Wahrnehmung bestimmst du selbst." Tobias machte sich auf den Heimweg. Nun hatte er wohl alle Fragen beantwortet bekommen, aber hatte er auch etwas Neues gelernt? Ach ja, diese Übung mit dem Geistkörper. Das war sehr interessant. Ob auch Tiere und Pflanzen einen solchen Geistkörper besaßen? Vielleicht war es möglich bei Frau Jansen, oder besser bei den Ponys das einmal auszuprobieren. Und wenn er diese Empfindung hatte, seinen Geistkörper zu spüren, dann müsste es ja auch bei anderen Lebewesen möglich sein, die gleiche Erfahrung zu machen. Oder war das nur bei den Menschen so? Er war fest entschlossen das auszuprobieren. Als Tobias auf dem Hof eintraf, kam ihm Oma Hilde entgegen. „Na, mein Enkel, hast du deine Studien im Wald und auf der Wiese weiter betrieben?" „Ja, schon. Ich muss erst einmal etwas trinken." „Dann komm mal mit in die Küche. Möchtest du ein Glas Limonade oder lieber ein Glas kaltes Brunnenwasser?" Er wusste, dass Oma einen eigenen Brunnen hatte und das Wasser wohl direkt aus einem unterirdischen See kam. „Ich möchte lieber ein Glas Brunnenwasser." Irgendwie fand er das Wasser hier anders als zu Hause. Es schmeckte einfach etwas anders, genau konnte er den Geschmack mit seinen Worten aber nicht beschreiben. „So, nachdem du getrunken hast, könnte doch dein erster Ausritt in diesem Jahr stattfinden. Was hältst du davon?" „Oh ja, gerne. Aber nur wenn ich einen Sattel bekomme." Das Unglück vom letzten Jahr sollte sich für ihn nicht noch einmal wiederholen. Beide gingen zum Stall. Oma holte einen alten Sattel hervor und ging zu den Ponys. „So, willst du es auf Mobby oder Wobby probieren?" „Gerne auf Mobby, ich glaube das mag mich mehr." „Täusche dich da mal nicht. Beide sind sehr freundlich und zutraulich." Mobby wurde von Oma gesattelt. „Willst du alleine aufsteigen?" „Ja, das schaffe ich schon." Vorsichtig trat er mit seinem linken Schuh in den Steigbügel und zog sich schnell in den Sattel hoch. Sie hielt ihm die Zügel entgegen. „Willst du es allein probieren." „Ja gerne, ich sitze recht gut." „Und denke daran, wenn du leicht am rechten Zügel ziehst wird Mobby nach rechts gehen, und bei dem linken Zügel entsprechend nach links." Tobias war recht stolz, dass es in diesem Jahr so einfach war, auf Mobby zu sitzen und auch noch zu reiten. Und auch das Pony hatte seinen Spaß. Beide Ponys waren auf einem Ponyhof groß und alt geworden. Oma hatte beide einem Ponyhof abgekauft, da sie nicht mehr für Reitstunden eingesetzt wurden. Und obwohl sie schon alt waren, fühlten sie sich auf ihren Bauernhof sehr wohl. Sie hatten alle Annehmlichkeiten, die sich Pferde wünschen konnten. Oma ließ sie über die Weide galoppieren und im Winter bekamen sie jeden Tag frisches Heu und ihr Stall wurde ausgemistet. Hierzu benötigte sie einen Gehilfen, namens Hansi Hase aus dem Dorf. Einige Arbeiten waren ihr mit der Zeit doch recht beschwerlich. Er half ihr auch in anderen Dingen.

Gegen fünf, Tobias war eigentlich schon recht müde von seinen heutigen Erlebnissen, war es an der Zeit, der Katzendame Frau Jansen und ihren Katzenkindern die Milch zu bringen. Natürlich war er sehr daran interessiert, wie sich Frau Jansen mit ihren Kindern unterhalten konnte. Und das alles ohne Worte? Oma Hilde gab ihm die Schale mit der Milch. „So, dann forsche heute mal weiter, wie sich das mit der Katzensprache verhält und erzähl mir nachher, was du beobachtest hast. Tobias ging zum alten Schuppen. Leise versuchte er die Tür zu öffnen. Aber wie immer knarrte diese. Er wusste, dass die Katzen ein sehr gutes Gehör besaßen. Niemand von der Katzenfamilie war zu sehen. Die Milch stellte er auf den Boden. „Frau Jansen", rief er leise. „Frau Jansen, komm es gibt warme Milch." Und da kam Frau Jansen hinter einem Holzstapel hervor. Sie blinzelte mit den Augen. Sie schloss sie kurz, öffnete diese und war schon bei der Milch. Das hatte etwas mit der Katzensprache zu tun, genau wie Oma es vorhergesagt hatte. Gurr, Gurr, Gurr machte Frau Jansen. Und da kamen auch schon zwei ihrer Kinder. Wenn ich die nur streicheln könnte. Sobald er seine Hand ausstreckte, liefen sie weg. Aber Frau Jansen ließ sich sehr einfach streicheln. Sie schnurrte leise. Schnurr, Schnurr, Schnurr, hörte Tobias. Und schon kamen alle drei kleinen Kätzchen wieder hinter dem Holzstapel hervor. Das Schnurren war wohl auch ein Teil der Katzensprache. Aber es wiederholte sich, sobald er die Hand ausstreckte suchten die kleinen Kätzchen schnell Schutz hinter einem Holzstapel. Sorgfältig schloss er die Türe und machte sich zurück auf den Weg in das Bauerhaus. In ihrem Wohnzimmer hatte sich Oma Hilde, müde von dem anstrengenden Tag in ihren großen Ohrensessel gesetzt. Ein Ohrensessel hat zwei Ohren, eins auf der rechten und eins auf der linken Seite der Rückenlehne, an denen sie ihren Kopf anlehnte. Sie sah heute recht erschöpft aus und war froh in ihrem Sessel zu sitzen. „Na, Tobias, wie geht es Frau Jansen mit ihren kleinen Kindern?" „Oh sehr gut. Ich habe alle drei Katzenkinder gesehen und natürlich auch Frau Jansen. Bei den Katzenkindern ist es so, dass eins immer etwas forscher und mutiger ist, als die anderen." „Hast du denn etwas von der Katzensprache mitbekommen, oder ist dir sonst etwas aufgefallen?" „Also Frau Jansen hat mich mit ihren Augen angeblinzelt und geschnurrt, und gleich danach wie eine Taube gegurrt. Aber immer, wenn ich die Kleinen streicheln wollte, verschwanden sie sofort hinter dem Holzstapel." „Da hast du ja schon einiges beobachtet. Also das Blinzeln ist ein Zeichen dafür, dass sie dich nicht als Gefahr für sich und die Kleinen ansieht. Wenn du sie auch anblinzelt, dann ist es ein Zeichen von Freundschaft. Und da sie sich in Sicherheit wiegen, hat sie die Kleinen gerufen, mit dem Laut ‚Gurr Gurr'. Dann wissen die Katzenkinder, dass keine Gefahr besteht und sie kommen zur Mutter gelaufen." „Aber warum lassen sie sich denn nicht streicheln?" „Sie kennen ja kaum Menschen und müssen erst einmal daran gewöhnt werden. Es ist schwierig, aber nicht unmöglich. Du brauchst Geduld. Wenn Frau Jansen beim nächsten Mal ihre Milch trinkt, dann lass die Nachwuchskätzchen an die Milchschale kommen und sie erst einmal in Ruhe etwas trinken. Wenn sie dann am trinken sind, streichele Frau Jansen und dann versuche eines der Jungkätzchen zu streicheln. Du wirst sehen, es wird etwas einfacher, sie zu berühren."

3. Unterrichtsstunde

Tobias war gerade mit dem Frühstück fertig und freute sich schon auf sein Treffen auf der Wiese am Waldrand. Es war wirklich spannend, irgendwie auch anders als in der Schule, in die er täglich in Fröhlichstadt musste. „Heute Nachmittag, ich denke gegen 15:00 Uhr bin ich mit meiner Arbeit fertig", meinte Oma. „Dann können wir ja mal zur alten Hütte gehen. Du weißt, dort wo der alte Mann gelebt hat, von dem ich dir erzählt habe." „Oh ja gerne Oma", antwortete Tobias. Was es wohl in der Hütte zu entdecken gab? „Das Mittagessen wird heute ausfallen." Oma hatte bereits schon Brot in Scheiben geschnitten und in ihren Brottopf gelegt. Die Butter befand sich gleich daneben in einer Butterdose aus Porzellan. Heute war Selbstverpflegung angesagt. Sie musste mit ihrem kleinen Auto zu einem anderen Bauern fahren, um irgendetwas zu erledigen. So verging die Zeit und als auf der alten Uhr im Flur der große Zeiger auf der Zehn und der kleine Zeiger Richtung Eins standen, machte er sich auf den Weg. Wie immer um Punkt 13:00 Uhr hatte er seine Verabredung. Was es wohl heute zu lernen gab?

„Es freut mich, dass du so begeistert bei der Sache bist und immer pünktlich unsere Verabredung einhältst, Tobias. So ein Lehrer oder eine Lehrerin kann schon Einfluss auf dich ausüben, wie überhaupt auf alle Kinder. Ist ein Lehrer offen für die Neugierde der Kinder, wird er die Kinder auch begeistern können. Ist er eher ein geplagter Mensch, der seinen Beruf nicht liebt, ihn aber ausübt um Geld zu verdienen, werden es die Kinder im Unterricht nicht leicht haben. Lehrer haben in dieser Welt eine große Verantwortung, aber leider ist es ihnen nicht immer bewusst." Tobias erzählte von seinem Klassenlehrer Herrn Franzen. Der war sehr nett. In seinem Matheunterricht erzählte er immer wieder von den Geheimnissen der Zahlen und machte oft auch mit allen Kindern Matherätsel. Das machte allen großen Spaß. Bei Frau Frommes war der Unterricht völlig langweilig. Sie unterrichtete Erdkunde. So ein blödes Fach, meinte Tobias. „Genau genommen gibt es keine uninteressanten Fächer in der Schule. Es kommt, wie du schon gemerkt hast, immer auf den Lehrer an. Sicherlich gibt es bei allen Kindern unterschiedliche Interessen, das ist auch ganz normal. Die Lehrer haben die Aufgabe, diese Interessen zu fördern und die Kinder von dieser Welt zu begeistern. Du kannst aber sicher sein, Tobias, dass es gerade einen Wandel gibt und in der Zukunft, sei es auch erst in einigen Jahren oder Jahrzehnten, wird es sich zum Besseren ergeben." „Du weißt doch alles, aber warum weißt du nicht, wann das sein wird?" „Nun, ich weiß auch nicht alles. Aber ein Wandel auf dieser Welt benötigt immer Menschen, in diesem Fall Lehrer, die Veränderungen wollen. Du erinnerst dich an den freien Willen, den auch du hattest, diesen kleinen Lehrgang zu besuchen oder es einfach sein zu lassen. Auch dir stand es frei, ja oder nein zu sagen. Aus diesem Grund mögen viele Lehrer die Veranlagung in sich bereits spüren, ihren Unterricht anderes durchzuführen, jedoch müssen sie eine Entscheidung treffen und dann diese auch in die Praxis umsetzten. In deinem Leben, wirst du noch viele Menschen treffen, die mit Entscheidungen und ihrer Umsetzung große Schwierigkeiten haben. Beobachte einfach. Aber bewerte nicht. Für jedes menschliche Verhalten, magst du es verstehen oder nicht, gibt es immer auch einen Hintergrund. So und nun zum Abschluss wieder eine kleine Weisheit. Sie lautet: Ohne Begeisterung gibt es keine Veränderung."

Zehn Minuten vor 15:00 Uhr war Oma wieder da. Sie hatte in ihrem Auto ein großes Paket liegen. „Tobias, bitte bringe mir das Paket aus dem Auto in die Küche." Er ging zum Auto, sah auf dem Rücksitz ein verschnürtes Paket liegen, verpackt mit Papier und Bindfaden. Es war nicht ganz leicht. „Puh, ist das schwer", meinte Tobias, als er das Paket auf den Küchentisch legte. „Oma, was ist denn darin verpackt?" „Na, schau mal selbst nach. Hier hast du eine Schere." Er schnitt den Bindfaden durch und wickelte das Papier auf. Zum Vorschein kamen so an die zehn Würste und ein großer Schinken. Es roch irgendwie nach Rauch. „Ich war beim Bauern Franz, der hatte heute Räuchertag und dann ist es immer günstig sofort meine monatliche Bestellung abzuholen. Alles ist noch sehr frisch und duftet dann nach Buchen- oder Tannenrauch." „Und wozu macht der Franz so etwas?" „Erstens um seine Familie mit Schinken und Wurst zu versorgen und zweitens, um etwas Geld zu verdienen." „Ich meine, warum räuchert er überhaupt?" „Das macht man einmal aus Tradition auf dem Land und zweitens, was noch wichtiger ist, die geräucherten Sachen werden dadurch haltbarer."

„Und warum dann mit Buchen- oder Tannenrauch?" „Das ist reine Geschmackssache, Tobias. Bauer Franz hat einen Ofen und heizt diesen mit dem entsprechenden Holz an und im Abzug bzw. Kamin hängen die Würste und Schinken. Der Rauch vom Holz sucht nun den Weg nach draußen und muss nun an den Würsten und Schinken vorbei. Somit werden diese dann haltbarer gemacht und bekommen gleichzeitig noch das gewünschte Aroma dazu. Du kannst dir gerne eine dünne Scheibe Schinken abschneiden." „Ja, gerne." Vorsichtig schnitt Tobias mit einem scharfen Messer eine kleine dünne Scheibe ab. „Mh, schmeckt das gut. Da ist der Bauer Franz aber sehr schlau. Wer hat denn die Räucherei erfunden, Oma?" „Oh, das kann ich dir auch nicht sagen. Es wird schon seit Jahrhunderten so gemacht. So, wenn du etwas probieren willst, dann ist jetzt noch der richtige Zeitpunkt. Wir wollen ja noch zur alten Hütte." „Ich habe jetzt keinen Hunger.". Das stimmte wohl nicht so ganz, aber die Hütte und die Geschichte vom alten Mann hatten ihn in ihren Bann gezogen. Die Würste und der Schinken wurden in die Speisekammer gebracht, und mit Fäden an der Decke auf gehangen. Er hatte in seinem kleinen Rucksack eine Wasserflasche eingepackt und Oma hatte ihren Spazierstock dabei. Und so wanderten sie in den Wald. Nach ungefähr 25 Minuten wurde Tobias schon ungeduldig. „Ist es noch weit?" „Wir werden gleich da sein." „Aber Oma, hier sehe ich ja nur Bäume." „Schau mal, dort vorne siehst du die Sonne zwischen den Bäumen hervor scheinen. Dort ist eine sonnige Anhöhe und dort steht auch die Hütte." Und wirklich, sie hatte wie immer Recht.

Da war die Hütte. „Sie sieht ja noch ganz stabil aus", meinte Tobias. „Früher haben die Menschen mit einfachen Baumaterialien immer für die Ewigkeit gebaut. Sie ist nun ca. drei Jahre nicht mehr bewohnt und man sieht es ihr nicht an." Vor der Hütte gab es einen kleinen Bach. Leise plätscherte das Wasser an der Hütte vorbei.

„Schau mal, hier ist ja auch die Quelle." Er staunte, da kam Wasser unter den Felsen hervor und nach einigen Metern war es bereits ein kleiner Bach. „Kann ich das Wasser mal probieren?" „Ja nur zu, Quellwasser bekommt man nicht alle Tage. Auf meinem Hof kommt das Wasser aus einem Brunnen. Aber eine direkte Quelle vor der Türe zu haben, ist schon etwas Besonderes." Tobias fing mit seinen Händen etwas Wasser auf und trank es. „Hmm, das schmeckt aber nicht besonders. Da finde ich aber dein Brunnenwasser leckerer." „Ich bin sicher, dass darin viele Mineralien enthalten sind, und das ist nun mal sehr gesund." „Und warum soll das gesund sein?" „Unser Körper braucht Mineralien, zum Beispiel für unseren Knochenbau und die Muskeln. Alles steht immer in einer Wechselwirkung zueinander. Achtet der Mensch nicht auf seine gesunde Ernährung, wird er krank." Und er dachte mal wieder: ‚meine Oma Hilde ist sehr klug'. Er setzte sich zu ihr auf die Bank, die direkt vor der Hütte stand. ‚Oh, war das schön hier'. Gegenüber auf dem Waldrand kreise ein Bussard. „Sag mal, Oma, könnten wir auch in die Hütte gehen?" „Ja schon, die Hütte gehört keinem mehr. Nur schau mal, ob die Tür offen ist." Tobias drücke die alte Türklinke nach unten, aber sie ließ sich nicht öffnen. „Schade, ich hätte mir alles gerne angeschaut." „Die Bauern und Almhirten haben immer einen Schlüssel in der Nähe ihrer Hütten versteckt. Schau mal unter dem alten Blumenkasten." Viele Spinnweben hatten von diesem Besitz ergriffen. Vorsichtig hob er den Blumenkasten hoch. Aber auch hier lag kein Schlüssel. „Wo kann man ihn denn noch verstecken?" „Der Schlüssel kann überall liegen. Vielleicht gibt es auch keinen Schlüssel mehr für die Türe, weil er verloren gegangen ist." Er schaute noch unter dem anderen Blumenkasten nach, auch dort war nichts von einem Schlüssel zu sehen. „Sei nicht traurig, komm und setz' dich noch etwas zu mir auf die Bank." „Was ist denn aus dem alten Mann geworden?" „Na wie das mit alten Menschen so ist, irgendwann stirbt man. Also ist er vor gut drei Jahren

verstorben und auf dem Friedhof im Dorf neben der Kirche begraben worden. Er hatte wohl einen Herzanfall, er saß zusammengesunken auf der Bank vor der Kirche. Der Dorfpfarrer hat ihn gefunden. Familie hatte er wohl nicht, jedenfalls war auch nichts bei unserem Bürgermeister bekannt. Ich habe dir ja von meinem Erlebnis mit ihm erzählt. Danach hatte er mich hier in seine Hütte eingeladen. Es gab einen guten Kräutertee und wir haben uns noch lange über die Natur, Tiere, Menschen und die Welt unterhalten. Ein lustiger, witziger und freundlicher alter Mann, der einen klaren und wachen Verstand hatte. Er war der Meinung, dass das Menschenleben nur vorübergehend auf der Erde stattfindet, und dann in einer geistigen Welt weitergeht. Und er sprach von einer gemeinsamen Herkunft aller Menschen, egal welcher Religion sie angehören."
„Und wo war nun dieses Energiefeld, von dem du erzählt hast?" fragte Tobias aufgeregt. „Wenn ich mich recht erinnere, müssen wir den Weg wieder zurückgehen und an der nächsten Möglichkeit rechts abbiegen. Es ist ein kleiner Feldweg an zwei Wildrosenhecken vorbei. Lass uns am besten gleich aufbrechen." So nahm er wieder seinen Rucksack und Oma ihren Stock. Langsam gingen sie bergab. Tobias war gespannt. Sollte es Oma möglich sein, diesen Platz mit dem Energiefeld wieder zu finden. Aber ihn beschäftigte auch noch etwas anderes. Er wollte unbedingt in die alte Hütte hinein. Es musste doch möglich sein, den Schlüssel zu finden. Auf alle Fälle wollte er noch mal zur Hütte zurück. Heute war es wohl nicht mehr möglich, aber in den nächsten Tagen musste er sein Vorhaben in die Tat umsetzten. Oma hatte einen guten Schritt drauf, obwohl sie mit einem Stock unterwegs war. Er musste sich richtig beeilen. „So hier vorne müssen wir rechts weiter, und wenn ich mich recht erinnere, sind es nur noch fünf Minuten. Wenn wir an den Rosenhecken vorbei sind, dann müssten wir durch den Wald links die Lichtung sehen." „Was bezeichnet man denn als Lichtung?" „Das ist ein Platz im Wald, an dem keine Bäume wachsen, dort stehen dann Farne

oder Gräser. Solche Lichtungen gibt es immer wieder in Wäldern. Aber warum ausgerechnet dort keine Bäume wachsen, obwohl ringsum Wald ist, kann ich dir auch nicht sagen." Und wie immer, Oma hatte Recht. Kurz hinter den Rosenhecken sahen sie die Lichtung. Tobias musste aber noch schnell an den Rosenblüten riechen, die einen süßen und schweren Duft verbreiteten. Beide verließen den Feldweg und gingen quer durch den Wald zur Lichtung. Oma schaute sich auf der Lichtung um. Sollte der Baumstamm, auf dem sie damals gesessen hatte, noch da sein? Tobias sah das hohe Gras. Auch Wildblumen waren auf der Lichtung. Besonders gefielen ihm die hohen Blumen mit violetten Blüten, diese sahen wie kleine Glocken aus, die an einem Stiel aufgereiht waren. Oma wusste natürlich zu berichten, dass es sich hierbei um den Fingerhut handelte, eine Blume die durchaus eine Größe von bis zu 1,20 Meter erreichen konnte. Je mehr er sich umschaute, umso mehr verschiedene Blumen fielen ihm auf. Oma stocherte mit ihrem Stock etwas im Gras. Sie suchte den Baumstamm, durch das hohe Gras war aber kaum etwas auszumachen. Sie war mit dem alten Mann damals im Frühjahr hier gewesen, als das Gras und die vielen Blumen noch nicht so hochgewachsen waren. Aber sie, die immer einen Rat hatte und alles wusste, oder besser gesagt fast alles wusste, fand natürlich auch den Baumstamm. „Hier ist er, ich habe ihn wiedergefunden." Tobias kam aufgeregt angelaufen. „Und hier sind diese Energien zu spüren?" „Nun werde erst einmal ganz ruhig. Setze dich hier auf diesen Baumstamm." „Und wie geht es jetzt weiter?" „Du musst erst einmal ruhig werden. Achte auf deinen Atem. Ich sollte das damals auch so machen. Wenn du ganz ruhig atmest, können wir mit einer kleinen Übung beginnen." „Ich denke ich bin so weit, ich atme schon ganz ruhig." „So, dann achte darauf, dass deine Füße direkt mit dem Boden in Verbindung kommen. So ist es richtig. Nun lege deine Hände, die mit der Innenfläche nach oben zeigen, auf deinen Oberschenkeln ab. Dein Rücken muss gerade aufgerichtet sein. Und nun kannst du die Augen schließen." Er tat alles, was sie ihm gesagt hatte. Und da saß er nun, aber irgendetwas von Energien war nicht zu spüren. „Oma?", fragte Tobias nach einiger Zeit. „Ich merke aber nichts. Wie fühlt sich denn eine Energie überhaupt an?" „Ich kann dir nur sagen, was ich damals empfunden habe, es ist ein Gribbeln in den Händen. Und zusätzlich eine Empfindung, verbunden mit dieser Welt zu sein. Das Empfinden kann man mit Worten einfach nicht beschreiben. Vielleicht nimmt das jeder Mensch auch anders wahr." „Kann ich aufhören? Irgendwie klappt das bei mir nicht." „Wenn ich mich recht erinnere, hat der alte Mann damals auch gesagt, dass ich nichts erwarten sollte. Erwartungshaltungen können wohl auch die Empfindungen einschränken. Für heute lass es mal gut sein. An einem anderen Tag kannst du es ja nochmals probieren."

„Du hast Recht, ich probiere es später noch mal. Schade, ich hatte mich so über unseren Ausflug gefreut. In die Hütte sind wir nicht hinein gekommen und hier an diesem Energieplatz hat es auch nicht geklappt." „Aber auf alle Fälle hast du doch viel erlebt auf unserer Wanderung. Und wer weiß, vielleicht muss man nicht immer Erfolge spüren oder sehen und doch passiert etwas mit uns, was erst später offenbar wird." „Wie meinst du das?" „Na, vielleicht hast du heute Erfahrungen gemacht, die dich in deinem Leben voran bringen. Du hast zum Beispiel gelernt, in welcher Haltung du Energien spüren kannst. Und das kannst du immer wieder ausprobieren. Denke doch mal an die Lichtung hier im Wald. Vielleicht ist das auch auf anderen Lichtungen möglich, diese Energien zu spüren. Mache dich doch auf den Weg, selbst zu forschen, ohne ein bestimmtes Ergebnis zu wollen." „Du bist recht schlau. Wenn ich mal so alt werde wie du es bist, hoffe ich auch so viel zu wissen." „Ich denke, du wirst noch viel mehr wissen. Wenn Kinder bereits in deinem Alter oder noch früher auf diese wunderbare Welt von ihren

Eltern hingewiesen werden, wenn ihnen die Neugierde nicht genommen wird, dann werden sie begeistert sein und immer mehr ausprobieren und lernen wollen. Ich habe mich leider erst sehr spät mit diesen Dingen beschäftigt. Meine Eltern konnten mit Energien und einem interessanten Leben gar nichts anfangen. Da ging es eher darum, zu überleben, Geld zu verdienen und eine Arbeit zu haben. Aber so war es in der alten Zeit." Tobias stand vom Holzstamm auf, nahm ihre rechte Hand und ging langsam mit ihr auf den Weg zurück. So gingen sie den Berg herab und kamen nach gut einer halben Stunde wieder auf den Bauernhof zurück. Dort holte Oma erst einmal einen Traubensaft aus ihrem Kühlschrank und beide setzten sich auf die Bank vor ihrem Bauernhaus. „Oh je, ich habe ja meinen Wanderstock vergessen." „Den kann ich dir ja mitbringen, wenn ich nochmals zu der alten Hütte gehe", meinte Tobias. Und so ging ein ereignisreicher Tag zu Ende. Heute Abend war er sehr müde. Der Ausflug hatte ihn viele interessante Erfahrungen machen lassen. Deshalb versorgte auch Oma Hilde die Katzenfamilie mit der abendlichen Milch. Und danach gab es Abendbrot. Als er am Küchentisch saß, musste er sich sehr viel Mühe geben, nicht sofort einzuschlafen. Das bemerke natürlich auch seine Großmutter, die ihn daraufhin gleich ins Bett brachte. Sie deckte ihn gut zu, aber das bemerke Tobias schon nicht mehr.

4. Unterrichtsstunde

Tobias fiel in einen tiefen Schlaf. In seinem Traum ging er mit seiner Oma nochmals zur Hütte zurück. Beide machten sich auf die Suche nach dem Schlüssel. Sie zeigte mit ihrer Hand auf einen großen Stein, der vor der Hütte lag. Tobias versuchte den Stein zur Seite zu rollen. Aber was er auch anstellte, er schaffte es nicht. Er überlegte in seinem Traum: Wenn der alte Mann immer den schweren Stein erst beiseite rollen musste, um an seinen Schlüssel zu kommen, war das doch recht umständlich. Also liegt der Schlüssel eher am Stein, als darunter. Vorsichtig tastete er mit seiner Hand unterhalb des Steines. Und richtig, am Stein befand sich eine kleine Erdfurche und dort lag der Schlüssel. Freudig zeigte er seiner Großmutter den Schlüssel. Beide gingen zur Tür, Tobias steckte den Schlüssel ins Schlüsselloch, drehte den Schlüssel im Schloss um, drückte die Türklinke herunter und knarrend ging die Tür auf. Beide wollten gerade in die Hütte hineingehen, da hörte er ein lautes Kickerieki, Kickerieki. Rüpel, der Hahn, hatte mal wieder zu seinem Morgengesang angestimmt. ‚Wo bin ich?' Wollte ich nicht gerade mit Oma in die Hütte? Hatte ich nicht den Schlüssel unter dem großen Stein vor der Hütte gefunden?' Er schaute auf die Uhr. Es war wieder mal 5:45 Uhr. ‚So was Ärgerliches, fast wäre ich mit Oma in der Hütte gewesen.' Über diesen Gedanken schlief er wieder ein. Als er zum Frühstück am Küchentisch saß, bekam er eine große Tasse Kakao. „Du warst gestern Abend so müde, hast du gut geschlafen?" „Oh ja, ich habe mal wieder geträumt. Ich war mit dir noch mal bei der alten Hütte. Und wir wollten gerade in die Hütte, da wurde ich von Rüpel geweckt." „Wo hattest du denn den Schlüssel für die Türe in deinem Traum gefunden?" „Leider weiß ich nicht mehr, wo ich ihn gefunden habe." „Das Beste ist immer, du schreibst dir deine Träume auf, also du könntest ja ein Traumtagebuch schreiben. Wichtig ist es, dass du deinen Traum direkt nach dem Aufwachen aufschreibst. Später wirst du dich kaum noch erinnern können". „Sag mal, führst du denn auch ein Traumtagebuch?" „Ja. Ich trage einen Großteil meiner Träume dort ein, jedenfalls die, an die ich mich vollständig oder zu einem großen Teil nach dem Aufwachen noch erinnern kann." „Jedenfalls ist das schon recht doof, dass man seine Träume so schnell vergisst", meinte Tobias.

Gegen Mittag machte er sich auf den Weg. Die tägliche Schulstunde begann um 13:00 Uhr. Heute hatte er sich vorgenommen, seine Lehrerin Maria nach den Träumen zu fragen. Tobias setzte sich ins Gras. Es war wieder ein sonniger Tag. Einen leichten Windzug spürte er auf der Haut. Das ließ die Sonne nicht so heiß scheinen. Tobias wartete und hoffte gleich angesprochen zu werden. Und wieder hörte er die Stimme seiner Lehrerin. „Hallo Tobias, schön dass du so pünktlich bist. Heute ist ein herrlicher Tag. Ich merke, dass dich etwas beschäftigt." „Ich habe da eine Frage zu meinen Träumen. Gibt es eine Möglichkeit sich daran zu erinnern?" „Die gibt es schon, aber das bedeutet etwas Training und konsequentes Handeln von dir. Es ist so, dass du in verschiedenen Traumbereichen lebst. Das bedeutet, beim Traum in der Nacht erlebst du den Traum vollständig real und hast Fähigkeiten, die du jetzt zum Beispiel nicht hast." „Das verstehe ich nicht." „Denk mal daran, dass du im Traum fliegen und in Sekunden von Omas Bauernhof nach Afrika reisen kannst. Du kannst dich auch mit oder ohne Worte, mit Tieren unterhalten. Auch die Zeit scheint für den Träumenden aufgehoben." „Das war heute Morgen auch für mich so. Ich war noch gar nicht lange eingeschlafen, da hat mich der Hahn Rüpel schon wieder geweckt. Und da hatte ich bereits viele Stunden geschlafen. Aber warum träumen denn die Menschen?" Diese Frage schien ihm nun doch angebracht. „Zuerst einmal musst du das Träumen unterscheiden. Einmal in der Nacht. Diese Träume kannst du, sowie alle anderen Menschen auf der Welt nicht steuern, also den Ablauf bestimmen. Wenn das möglich wäre, könntest du vor dem Einschlafen genau vorher überlegen, was du träumen willst. Das wäre dann wie im Kino. Diese Träume können zu dir sprechen, also dich auf etwas Bestimmtes in deinem Leben hinweisen." „Oh ja, das war bei mir auch so. Ich hatte den Schlüssel zur alten Hütte gefunden und weiß jetzt nicht mehr, wo er gelegen hat." „Kannst du dich denn an deinem Traum noch erinnern?" „Ja". Und er erzählte Maria den Traum bis auf den Punkt, wo er den Schlüssel gefunden hatte. „Ich bin sicher, dass du den Schlüssel finden wirst. Sicherlich wirst du heute nach unserem kleinen Lehrgang noch zur Hütte hinaufgehen. Dann setze dich auf die Bank vor der Hütte und lass nochmals den Traum bei geschlossenen Augen in deiner Erinnerung ablaufen. Wenn du nach dem Aufwachen deine Träume gleich aufschreibst, wirst du feststellen, dass dir noch viele Einzelheiten einfallen. Je länger du mit dem Aufschreiben wartest, umso schwieriger wird es für dich sein, dich an alle Einzelheiten deines Traumes zu erinnern. Jeder Traum ist auch ein Schlüssel zu dir." „Wieso denn ein Schlüssel zu mir?" „Ein Traum sagt etwas über dich aus." „Und was?" „Nun in deinem Traum, den Wunsch diese Hütte zu betreten. Und du hast die Anleitung zum Aufschließen der Hütte bekommen, indem du den Schlüssel gefunden hast." „Aber das ist ja nur der Schlüssel zur Hütte gewesen und nicht zu mir, wie du sagst." „Es hat aber mit dir zu tun, da du aus irgendeinem Grund gerne in die Hütte möchtest. Was interessiert dich denn so an der Hütte?" „Ich weiß es selber nicht. Vielleicht weil ich neugierig bin." „Und warum bist du neugierig?" „Weil es ebenso ist." „Es ist wichtig für dich und die anderen Kinder, sowie für die Erwachsenen, neugierig zu sein. Das macht dein Leben und Erleben interessanter. Wer interessiert ist, wird auch Begeisterung zeigen können. Und Begeisterung wiederum schafft Veränderung. In dir wie auch in der Welt. Und das bringt die Welt wirklich voran. Ohne Neugierde und Begeisterung wäre das Leben sinnlos für die Menschen. Beschäftige dich noch mal mit meiner Frage. Wenn du es schaffst, in die Hütte zu kommen, dann wirst du wahrscheinlich klarer sehen."

„Zum zweiten kannst du im so genannten Wachzustand träumen. Du kannst dir in deiner Phantasie alles vorstellen. Also wenn du hier sitzt, könntest du dir auf der anderen Seite des Berges eine Hütte vorstellen, in die du irgendwann mal einziehst. Und wie deine Oma

in einem Schaukelstuhl vor der Eingangstüre sitzt." „Aber meine
Lehrerin in der Schule sagt immer: Träume sind Schäume." „In
diesem Punkt irrt sie sich aber gewaltig. Leider ist es so, dass die
Menschen auf der Erde das Träumen verlernt haben. Alles was die
Menschen tun, muss immer einen Nutzen haben, wirtschaftlich sein
und eine Sicherheit bieten. Und darüber vergessen sie, dass sie ihrer
Zukunft durch Träume entgegengehen können. Mit Hilfe deiner
Vorstellungskraft im Wachzustand ist es möglich, Träumen und
somit deinem Leben eine Richtung zu geben und die Welt zu verändern." „Also kann ich mir alles vorstellen und dann geht es in Erfül-
lung?" „Gewisse Grenzen gibt es da sicherlich noch, aber alles was
für deine Entwicklung und die Entwicklung auf diesem Planeten
nützlich ist, kann auch entstehen. Gedanken können in die Welt
hinaus gesandt werden, diese verbunden mit Bildern, also deine
Träumen schaffen dann Wirklichkeiten." „Aber ich bin doch nur ein
kleiner Junge, kann ich das denn auch?" „Ja Tobias, wer sagt denn,
dass du klein bist?" „Alle, ich bin gerade 1,60 cm." „Aber deine
Körpergröße hat doch nichts mit deinen Möglichkeiten zu tun."
„Na ja, aber ich bin doch auch erst 14 Jahre." „Eigentlich hängt
deine Vorstellung, klein und jung zu sein, nur von der Vorstellung
der Erwachsenen ab. Die sind der Meinung, dass Kinder noch nicht
viel zustande bringen können. Aber das ist eine falsche menschliche
Vorstellung. Natürlich sollst du die Natur und somit die Welt entdecken, denn das ist in deinem Alter sehr wichtig. Ich bin sicher, wenn
du etwas älter bist, werden alle Lebensbereiche, die wir in unserem
kleinen Lehrgang besprochen haben, für dich noch wichtiger werden, als zum jetzigen Zeitpunkt. Wenn es an der Zeit ist, wirst du
dich erinnern. Und für heute bekommst du die folgende Weisheit:
„Durch Träume schaffst du Wirklichkeiten. Heute hast du sehr viel
über das Träumen gelernt. Aus diesem Grund sollst du morgen
einen freien Unterrichtstag haben. Du hast in den letzten Tagen so
viel erfahren, dass solltest du erst einmal für dich überprüfen und

deine Schlüsse daraus ziehen." „Das finde ich aber gar nicht gut, morgen von dir keinen Unterricht zu bekommen." „Ich sehe du bist mit Begeisterung dabei und das ist schön. Aber was meinst du denn, morgen zu verpassen?" „Na viele interessante Informationen über diese Welt." „Und meinst du, dass es auf einen Tag ankommt in deinem Leben?" „Ja, schon, vielleicht schaffen wir den Lehrgang gar nicht, weil ich so viele Fragen habe." „Du kannst sicher sein, dass wir es schaffen. Die Zeit, die du und die anderen Kinder und Erwachsenen auf der Erde kennt, ist nur auf diesem Planeten so eingerichtet. Richtig gesehen leben alle in der Ewigkeit. Also die Zeit gibt es nicht wirklich. Und was bedeutet dann schon ein Tag in der Ewigkeit?" „Was ist denn die Ewigkeit?" „Die Abwesenheit von Zeit. Ich sehe du bist mit der Erklärung nicht einverstanden. Warte ab, viele Dinge brauchen ihre Zeit auf dem Planeten Erde, um sie auch richtig zu verstehen. Auch du wirst vieles erfahren, wenn du weiterhin neugierig bleibst, und wenn es an der Zeit ist." Und so machte sich Tobias auf den Weg hinunter zum Bauernhof. Als er dort eingetroffen war, ging er gleich in sein Zimmer, um dort seinen neuen Satz in seinem Büchlein einzutragen.

Gegen 15:00 Uhr zogen die ersten Regenwolken heran. Eigentlich wollte er zu der alten Hütte, um nochmals nach dem Schlüssel zu suchen. Doch bei den ersten Regentropfen nahm er den Ratschlag an, sich nicht auf den Weg zu begeben. Hier zwischen den Bergen konnte es auch plötzlich Nebel geben. Und dann war es gar nicht mehr so einfach, zurück zu finden. Aber morgen hatte er ja seinen freien Unterrichtstag. Gleich nach dem Frühstück wollte er sich dann auf den Weg machen. Oma würde sicherlich einen Rucksack vorbereiten, so dass für alles gesorgt war. „Komm mit, Tobias, ich glaube es wird heute noch recht stürmisch. Lass uns die beiden Ponys und die Kuh Elsa in den Stall bringen." Eigentlich war es selten, dass Oma bei schlechtem Wetter die Tiere von der Wiese holte.

Aber heute hatte sie die Empfindung, dass es sehr wichtig war. Sie war eben auch eine Frau, die nicht nur nach ihrem Verstand handelte. Als die beiden am Tor standen, kamen Wobby und Mobby gleich angelaufen. Langsam kam auch Kuh Elsa hinter einem Baum hervor. Die Tiere spürten wohl auch, dass es in einem trockenen Stall am sichersten war. Ohne ihr Zaumzeug folgten alle Tiere Oma in den Stall. Tobias war beeindruckt. „Wie einfach das alles ist. Wie machst du das?" „Ich habe das Vertrauen der Tiere, darum sind sie meistens bereit mir zu folgen." „Und wie schaffst du das mit dem Vertrauen." „Ich bin freundlich und liebevoll und unterhalte mich mit ihnen. So wie es auf einem Bauernhof sein muss. Auch Tiere haben ein Leben und auch einen Charakter. Und sie haben ihre Eigenheiten. Wobby scharrt immer mit dem rechten Huf, um gestreichelt zu werden. Mobby hingegen stupst gerne mal mit ihrer Nase, den Nüstern, an einem, um Hallo zu sagen und Aufmerksamkeit zu bekommen." „Aber du hast ja gesagt, dass sie dir nur meistens folgen, also nicht immer." „Die Tiere haben auch ihren eigenen Willen, manchmal wollen sie auch auf der Weide bleiben und sind nicht in den Stall zu bekommen. Erst im Herbst, wenn die Temperaturen kälter werden, oder wenn das Wetter so wie heute recht stürmisch wird, freuen sie sich auf den Stall. Die Tiere haben ein Gespür für Gefahr bzw. stürmisches Wetter." Gegen Abend wurde es immer dunkler und es fing an, immer stärker zu regnen. Auch ein Gewitter war in der Nähe. Die Blitze erhellten den dunklen Himmel immer wieder. Der Donner wurde immer lauter. „Oma, hast du denn gar keine Angst vor dem Gewitter?" fragte Tobias. „Erst einmal nicht, je lauter der Donner und je schneller er nach dem Blitz zu hören ist, umso näher ist das Gewitter. Das einzig gefährliche könnte ein Blitzschlag ins Haus oder den Stall sein. Aber so etwas kommt hier nur sehr selten vor. Schau mal, mein Bauerhaus steht recht geschützt an dem Berghang. Hier hat man seit Generationen noch nie direkt auf einem Berg gebaut. Da ist wohl die Aussicht sehr

schön, aber man ist den Naturgewalten dort eher ausgeliefert. Die
Blitze suchen sich immer einen hohen Punkt aus. Bei der kleinen
Kapelle oben auf dem Nachbarberg ist bereits im 17. Jahrhundert
das erste Mal ein Brand durch einen Blitzschlag entstanden. Und
nach dem Wiederaufbau ist das dann 120 Jahre später nochmals
passiert." „Aber warum bauen denn dann die Menschen immer
wieder die Kapelle auf?" „Das hat oft mit Tradition zu tun, und man
meint seinem Schöpfer oder Gott auf einem Berg näher zu sein.
Komm, lass uns recht schnell ins Haus gehen, solange der Regen
noch nicht stärker geworden ist." Er schloss die Scheune und ver-
riegelte die Tür. „Was ist denn mit Frau Jansen und ihren Kindern?"
„Da mach dir mal keine Sorgen. Frau Jansen hat einen sicheren
Platz für sich und ihre Kinder gefunden. Katzenmütter sind sehr
fürsorglich. Und die Kleinen hören auf ihre Mutter. Milch habe ich
ihnen bereits vorhin gebracht. Aber jetzt komm, wir sollten schnell
ins Haus." Und wie immer, Oma hatte Recht. Nachdem die beiden
im Hauseingang verschwunden waren, regnete es in Strömen.
Schnell bildeten sich kleine Pfützen, die dann immer schneller zu
einem kleinen Bach anschwollen. Der Boden war zu trocken, um
diese Wassermassen gleich aufnehmen zu können. Und so bewegte
sich das Wasser am Haus vorbei den kleinen Berg hinunter. „So,
jetzt koche ich dir noch einen Kakao." Und kaum hatte sie ihr Vorhaben ausgesprochen, wurde der Topf mit Milch gefüllt auf den
Herd gestellt und erhitzt. Das Kakaopulver holte sie aus ihrem Küchenschrank, es befand sich in einer alten runden Dose.

Der freie Tag

Oma Hilde war wie immer bereits sehr früh aufgestanden. Ihr Tag
begann bereits um 5:30 Uhr. In der Küche duftete es schon nach
Kaffee und frischen Brot. Sie hatte ein Nuss Brot gebacken und

natürlich schon den Frühstückstisch gedeckt. Tobias war heute bereits früh aufgestanden und saß um 07:00 Uhr am Frühstückstisch. „Bevor du dich auf den Weg machst, kannst du mir noch helfen, die Tiere wieder auf die Weide zu bringen." „Das mach ich doch gerne. Ich werde dir nachher auch deinen Spazierstock wieder mitbringen." „Schön, dass du daran denkst. Dort auf dem Stuhl ist auch schon dein Rucksack. Ich habe dir etwas Proviant eingepackt. So musst du unterwegs auch nicht verhungern." Er war sehr unruhig und aufgeregt. Sollte es ihm heute gelingen, in die Hütte zu kommen? Und was konnte er da wohl finden? So schnell wie möglich wollte er zur Hütte. Oma merkte natürlich, dass ihr Enkel heute Morgen nicht die Zeit hatte, in Ruhe zu frühstücken. Und so gingen die beiden schnell zur Scheune und brachten die Tiere auf die Weide. Wobby und Mobby freuten sich so über ihre neue Freiheit, dass sie gleich über die Wiese galoppierten. Nun konnte sich Tobias auf den Weg zur alten Hütte machen. Natürlich hatte er seinen Rucksack auf den Rücken geschnallt und Oma noch einmal zum Abschied umarmt. Und so ging er los. Der Weg zur Hütte machte verschiedene Biegungen durch den Wald. Immer wenn er gerade eine Wegbiegung erreicht hatte, war schon die nächste zu sehen. Hin und wieder sah er zu dem blauen Himmel zwischen den Bäumen hindurch. Hier standen viele alte Bäume, meist Buchen und Eichen aber auch Nadelbäume wie Kiefern und Fichten. Im letzten Sommer hatte Oma ihm die Unterschiede der Bäume erklärt. Auch das war sehr interessant und beeindruckend gewesen. Diese riesigen Bäume waren zum Teil an die 150 Jahre und älter, was in etwa zwei Menschenleben nach Omas Aussage bedeutete. Es war schon eine sehr interessante Welt hier in den Bergen. Und so war er ganz in Gedanken als er es vor sich rascheln hörte. Der Weg machte wieder mal eine Biegung. Tobias blieb stehen. ‚Was war denn das für ein Geräusch?', dachte er. Und da sah er schon den Grund. Zwei Rehe kamen ihm auf dem Weg entgegen. Wie angewurzelt blieben sie stehen. Auch Tobias traute sich nicht weiter zu gehen. Da schauten ihn vier große Reh Augen an. Oh waren die hübsch. ‚Ob die sich wohl streicheln lassen?' Er machte einen kleinen Schritt vorwärts. Und kaum hatte er den Schritt ausgeführt drehten sich die beiden Rehe um und rannten schnell wieder in den Wald zurück. Es war das erste Mal, dass er so nah an diesen Waldbewohnern war. ‚Da habe ich Oma ja gleich etwas zu erzählen'. Nach einigen weiteren Minuten war er endlich an der Hütte angekommen. Erschöpft setzte Tobias sich erst einmal auf die Bank, die vor der Hütte stand. Dieses Bergauf wandern war doch recht anstrengend.

Nun verspürte er etwas Hunger und Durst. Er nahm einen Becher aus dem Rucksack, füllte ihn an der Hüttenquelle und trank erst einmal einen großen Schluck. Der Hunger musste warten. Jetzt war es erst einmal, wichtig, den Schlüssel zu finden. ‚Wenn ich mich doch nur an den Traum erinnern könnte', dachte er. Aber was hatte Maria zu ihm gesagt? „Setze dich auf die Bank vor der Hütte und lass den Traum nochmals bei geschlossenen Augen in deiner Erinnerung ablaufen". Tobias setzte sich aufrecht, schloss die Augen und ließ in seiner Vorstellung den Traum vorüberziehen. Er durchlebte jede Einzelheit zum wiederholten Male und kam an die kritische Stelle, als Rüpel ihn geweckt hatte. Und richtig, seine Traum Oma zeigte mit ihrer Hand auf den Stein vor der Hütte. Tobias öffnete die Augen. Sofort ging er zum Stein und wollte ihn wie im Traum zur Seite rücken. Aber dafür war er viel zu schwer. ‚Wie war das in meinem Traum? Ich habe einfach zu früh aufgehört den Traum zu Ende zu träumen. Habe ich auch den Stein bei Seite gerollt?' Er versuchte es noch einmal, den Stein zu bewegen. Es ging einfach nicht. Vielleicht ist der Schlüssel auch gar nicht unter dem Stein. Er könnte ja auch an dem Stein versteckt sein. Seine Hände tasteten den Boden ab. Und richtig, hier fühlte er eine kleine Erdfurche und etwas Kaltes aus Metall. Tobias griff zu. Er hatte den

Schlüssel gefunden. „Hurra ich habe ihn", rief er voller Freude. Er nahm den Schlüssel und ging zur Türe. Aufgeregt steckte er den Schlüssel ins Schlüsselloch und drehte den Schlüssel einmal um. Er drückte die Türklinke nach unten und die Türe knarrte leise beim Öffnen. Sein Herz pochte aufgeregt. Was erwartete ihn wohl in der Hütte? Nun trat er langsam in die Hütte. An der Hüttenwand vor ihm hing ein altes Hirschgeweih. Es hatte schon einige Spinnweben zwischen den Hörnern angesetzt. In der hinteren linken Hüttenecke befand sich ein alter Kamin. Auch hier hatten die Spinnen schon ihre Netze gespannt. An der rechten Seite standen ein alter Esstisch und eine alte Eckbank. Neben dem Tisch war auch noch ein Hüttenfenster. Tobias öffnete erst einmal das Fenster und frische Luft kam somit in die Hütte. Er holte seinen Rucksack und setzte sich an den Tisch. ‚Das ist ja mal wirklich praktisch.' Er konnte die vielen verschiedenen Päckchen erst einmal auspacken. Oma hatte ihm Radieschen, eine Gurke, ein Stück Brot und ein großes Stück Schinken, sowie ein paar Erdbeeren zum Nachtisch eingepackt. Auch hatte sie ein Brotmesser und ein Schinkenmesser in seinen Rucksack gelegt. So war er sehr gut ausgestattet. Tobias aß ein Stück Gurke und schaute sich weiter in der Hütte um. Ein altes Bild hing noch an der Wand. Abgebildet waren dort Berge, ein See und davor einige Hirsche. Irgendwie kam ihm das alles etwas fremd und unheimlich vor. Hier hatte ein alter Mann viele Jahre allein gelebt, und auch wenn er nun tot war, steckte irgendwie noch etwas von ihm in dieser Hütte. Er schnitt sich ein kleines Stück Brot ab und ein große Scheibe von dem geräucherten Schinken. ‚Viele Möbel schien der alte Mann ja nicht gehabt zu haben', dachte Tobias. Er griff nach einem Radieschen. Aber bevor er es in den Mund stecken konnte, fiel es ihm aus der Hand und rollte vom Tisch. Sofort machte er sich auf die Suche und fand das Radieschen unter der Eckbank. „Oh, was ist denn das?" rief er erstaunt. Die Bank hatte ja noch eine Staumöglichkeit. Er hatte die gesamte Zeit auf dem Deckel gesessen. Auch Oma hatte in ihrer Bank in der Küche solch eine Möglichkeit und bewahrte darin alte Zeitungen auf. Es knarrte etwas, als er den Deckel nach oben hob. Da lag etwas, irgendetwas fein säuberlich eingerollt in einem weißen und weichen Tuch. Tobias nahm das eingewickelte Paket aus der Truhe und schloss gleich wieder den Deckel. Er setzte sich wieder auf die Bank. Natürlich war er sehr aufgeregt. Vorsichtig legte er das Paket auf den Tisch. Langsam und vorsichtig löste er das Tuch von dem Gegenstand. Was es wohl war, was hier so gut verpackt wurde? Nachdem Tobias das Tuch beiseitelegte, kam eine alte Figur zum Vorschein. Sie erinnerte ihn stark an eine Marienfigur, die er in einer Kirche in Fröhlichstadt bereits gesehen hatte. Sie war ganz aus Holz und wunderschön bemalt. Tobias strich mit seiner Hand darüber. Sie war sehr eben und hatte die Größe von gut 28 cm. ‚Die werde ich am besten mitnehmen. Aber, darf ich das auch?' fragte er sich. ‚Die Figur gehörte doch dem alten Mann. Aber der war nun wiederum verstorben und brauchte diese auch nicht mehr. ‚Aber ist das nicht Diebstahl?', kam ihn in den Sinn. Er war sich nicht mehr so sicher, was nun richtig war. ‚Wie auch immer, ich werde sie erst einmal mitnehmen und mit Oma darüber sprechen. Und wenn sie der Meinung ist, dass sie wieder in die Bank zurückmuss, dann werde ich sie zurückbringen. Ich weiß ja jetzt auch, wo der Hüttenschlüssel ist.' Vor ihm stand diese schöne alte Figur. Er schnitt sich noch ein Stück vom Schinken ab und aß erst einmal alle seine Gurken auf. Zum Nachtisch gab es nun auch seine geliebten Erdbeeren.

Seine Gedanken gingen zu seiner Lehrerin Maria. Was hatte sie gesagt: ‚Jeder Traum ist auch ein Schlüssel zu dir. Was interessiert dich denn so an der Hütte? Beschäftige dich noch mal mit der Frage, wenn du in der Hütte bist'. Tobias überlegte: Aus irgendeinem Grund schien ihn die Geschichte von dem alten Mann und seiner Hütte zu beschäftigen. War es der Sonderling oder das Geheimnis, etwas über ein anderes Leben zu erfahren? Was wusste der alte Mann von den Geheimnissen des Lebens? Hier in der Hütte war er in die Vergangenheit eines anderen Menschen, der bereits gestorben war, eingedrungen. Und hier an diesem Tisch hatte er wohl immer gesessen und seine Mahlzeiten eingenommen. Irgendwie schon komisch, jetzt an seiner Stelle in dieser Hütte zu sein. Das Leben schien nicht unbegrenzt zu sein und die Zeit nicht anzuhalten. Er konnte es nicht direkt mit seinen Worten ausdrücken, aber es hatte etwas mit dem Leben und der Zeit zu tun, was ihn beschäftigte. Da lag der Schlüssel. Morgen würde er seine Lehrerin Maria danach fragen. Er verpackte die wunderschöne Marienfigur wieder und machte sich auf den Rückweg. Seinen Rucksack schnallte er auf dem Rücken fest. Langsam ging er den Weg bergab. ,Oh', dachte er. ,Ich muss ja noch den Spazierstock von Oma holen. Hoffentlich finde ich die Lichtung wieder'. Doch die Sorge war unbegründet. An der Rosenhecke angekommen, die Rosen dufteten auch heute wieder süß und schwer, ging Tobias in den Wald zu der Lichtung. Von der Rosenhecke aus war die Lichtung schon zu sehen. ,Ob ich wohl nochmals die Übung auf dem Baumstamm wiederholen sollte?' Zuerst einmal sah Tobias den Wanderstock an einem Baum lehnen. ,Toll, dann muss ich nicht solange suchen'. Aber wo war denn der Baumstamm? Das hohe Gras hatte diesen fast schon wieder unsichtbar werden lassen. Aber zum Glück hatten sich einige Grashalme noch nicht wieder aufgerichtet, so dass Tobias erkennen konnte, wo er bereits gesessen hatte. Er schnallte den Rucksack ab, legte ihn zu dem Spazierstock an den Baum und setzte sich nochmals auf seinen Baumstammsitz. Kurz überlegte er, welche Anweisungen Oma ihm gestern gegeben hatte. Er setzte sich aufrecht hin, die Beine waren nebeneinander und die Füße hatten Bodenkontakt. Die Hände legte er auf den Beinen ab, die Handflächen zeigen nach oben. Tobias schloss die Augen. Er hörte die Waldvögel zwitschern und hin und wieder knackte es im Wald. Es waren sehr viele unterschiedliche Geräusche, die er in der Stadt so noch nie wahrgenommen hatte. Er atmete ganz ruhig. Nach einer Weile hörte er keine Geräusche mehr. Tobias fühlte sich ganz leicht, und wenn er das Gefühl beschreiben wollte, war es so, als ob die Last einen Körper zu haben, verschwunden schien. Es war, als ob er sich immer mehr und mehr ausdehnte. Auch die Zeit schien keine Bedeutung zu haben. Tobias öffnete die Augen und sah, dass es schon langsam dämmerte. Seine Uhr zeigte gerade 18:45 Uhr an, obwohl es aus seiner Sicht und Empfindung nur eine kurze Zeit gewesen sein musste, die er auf dem Baumstamm gesessen hatte. Und auch heute schien wieder ein Unwetter heraufzuziehen. Er stand auf schnappte seinen Rucksack, Omas Stock und beeilte sich, auf den Waldweg zurück zu kommen. Als er wieder auf dem Bauernhof eingetroffen war, kam Oma Hilde ihm schon entgegen. „Tobias, wo warst du so lange? Er ist ja gleich schon 19:15 Uhr. Es soll heute Nacht wieder Gewitter und starke Regenfälle geben. Ich habe die Tiere bereits in die Scheune gebracht." „Ich habe viel erlebt und deinen Stock habe ich auch mitgebracht." „Na dann komm erst mal rein. Der Tisch ist bereits seit einer Stunde gedeckt. Ich koche dir am besten erst einmal einen Kakao." Er folgte Oma in ihre Küche und setzte sich an den Tisch. „Dann erzähle mal, bist du in die Hütte gekommen? Und wenn ja, was hast du alles erlebt?" Er erzählte alle Einzelheiten von seiner Begegnung mit den Rehen und holte aus seinem Rucksack die verpackte Marienfigur heraus. „Hier Oma, das ist sie, die Figur. Schau mal wie schön sie ist." Sie staunte nicht schlecht, als sie die wunderschöne Holzfigur sah. „Das ist ja eine Marienfigur. Sie scheint auch schon recht alt zu sein, die Farben sind aber noch sehr gut zu erkennen. Und die hast du in der Hütte gefunden?" „Ja. Ich war mir nur nicht sicher, ob ich sie einfach mitnehmen sollte. Ist das denn Diebstahl?" „Das ist gar nicht so einfach zu sagen. Der alte Mann ist verstorben, und so wie ich weiß hatte er weder Familie, noch Erben. So gesehen denke ich, dass es sich nicht um einen

Diebstahl handelt. Die Hütte gehört niemandem. Aber vielleicht ist es doch besser, sie wieder in die Hütte zu bringen. Denn die Marienfigur gehört nun mal zur Hütte." Das gefiel ihm überhaupt nicht. „Aber dort braucht sie doch keiner mehr. Wer soll denn den Schlüssel finden, um in die Hütte zu kommen, wenn er nicht weiß, wo er ihn suchen soll." „Tobias, was auch immer du für Gründe suchst, die Marienfigur zu behalten, es ist nicht recht, etwas wegzunehmen, was einem nicht gehört. Lass uns gleich morgen früh gegen 08:00 Uhr nochmals zur Hütte hinaufgehen." „Ach Oma, das verstehe ich nicht." „Wir reden heute nicht mehr davon. Erzähle mal lieber, wo du meinen Stock gefunden hast." Und so erzählte er noch von seinem Erlebnis auf der Waldlichtung. „Das ist ja interessant, du hast das gleiche empfunden wie ich damals bei meinem Erlebnis. An und für sich ist es immer sehr schwierig, solche Empfindungen in Worten auszudrücken. Aber du hast es gut beschrieben." Nun war es bereits 20:00 Uhr und Tobias war auch heute sehr müde von seinem Ausflug. Oma brachte ihn noch in sein Zimmer. Draußen hörte man bereits den Regen auf den Boden prasseln und hin und wieder erleuchtete ein Blitz den Abendhimmel. Es grummelte in der Ferne. „Ich hoffe, das Gewitter wird heute Nacht nicht zu uns kommen." Aber das hörte Tobias schon nicht mehr. Und auch in dieser Nacht träumte er von der alten Hütte. In seinem Traum war er auf dem Weg durch den Wald. Er sah die Hütte zwischen den Bäumen und Blitze die über der Hütte zuckten. Langsam und vorsichtig ging er weiter. Plötzlich wurde es ganz hell, ein Blitz schlug in die Hütte. Es krachte und donnerte. Die Hütte ging in Flammen auf. Er wurde wach. Was war denn das? Tobias schaute zum Fenster und hörte einen ohrenbetäubenden Lärm. Blitz und Donner lösten sich gegenseitig ab. Es schien, als ob das Gewitter direkt über dem Bauernhof angekommen war. Er zog sich die Decke über den Kopf. ‚Was für ein Getöse', dachte er. Den Traum beachtete er nicht weiter und so schlief er wieder ein.

5. Unterrichtsstunde

Oma Hilde war wie immer schon früh aufgestanden und hatte den Frühstückstisch eingedeckt, die Milch für ihren Enkel warm gemacht und sich selbst bereits eine Tasse Kaffee gegönnt. Sie erwartete ihren Enkel bereits. „Hast du gut geschlafen?" „Na es ging, ich glaube, ich habe sogar vom Gewitter geträumt. Es war fürchterlich laut heute Nacht." „Kein Wunder, das Gewitter war ganz in der Nähe, wenn nicht gar auch zeitweise über uns. Es hat sich so angehört, als ob irgendwo ein Blitz eingeschlagen hat. Aber hier auf dem Hof ist alles in Ordnung. Die Tiere können wir gleich wieder auf die Weide lassen, bevor wir uns auf den Weg zur Hütte machen." „Muss das sein? Diese schöne Marienfigur habe ich doch gefunden und möchte sie auch behalten." „Ich verstehe dich schon, aber es gibt nun mal einige Grundsätze im Leben. Und einer davon ist, nie etwas an sich zu nehmen, dass einem anderen gehört." „Aber Oma, der alte Mann ist doch verstorben." „Und wenn das so ist, gehört dir die Figur noch lange nicht." „Und wem gehört sie dann?" „Das weiß ich auch nicht, aber es ist unrecht, etwas an sich zu nehmen, nur weil es einem gefällt." Und so machten sich die beiden auf den Weg. Er war nicht gerade begeistert. Und irgendwie war da noch ein Traum in seiner Erinnerung, irgendetwas mit Blitz und Donner. Und so gingen die beiden immer höher und höher den Berg hinauf. Tobias fiel gar nicht auf, dass er die Hütte noch nicht sehen konnte. Er hoffte, nie anzukommen und die Figur einfach behalten zu können. Als die beiden hinter den Bäumen auf die Hütte zugingen, sahen sie, was passiert war. Die Hütte bestand nur noch aus einer verkohlten Seitenwand, alles war voller Asche und an einigen Stellen qualmten noch einige Holzbalken. Da fiel ihm sein Traum wieder ein, er hatte ja gesehen, wie der Blitz in die Hütte einschlug, bevor er aufwachte. „Oma, das habe ich heute Nacht geträumt." „Davon hast du mir heute Morgen gar nichts erzählt." „Na ja, ich hatte den Traum vergessen. Aber jetzt weiß ich es wieder. Die schöne Hütte ist fast total abgebrannt." „Komm, wir löschen erst einmal die letzten qualmenden Brände. Wasser haben wir ja gleich hier an der Quelle." Und so löschten sie alles, was noch irgendwie qualmte. Als sie fertig waren fragte Tobias: „Was soll denn nun aus der Marienfigur werden?" „Mm, ich denke am besten behältst du sie. Hier macht es nun wirklich keinen Sinn, sie hinzustellen." „Darf ich mir denn noch den Schlüssel zu Hütte als Andenken mitnehmen?" „Ja klar, was soll denn ein Schlüssel ohne die dazugehörige Tür." Und so nahm er auch noch den Hüttenschlüssel mit. Beide machten sich wieder auf den Rückweg. Ein überglücklicher Tobias und eine nachdenkliche Oma. Nach einiger Zeit sagte sie: „Ich glaube es ist ein Zeichen, dass die Hütte abgebrannt ist, und du vorher die Marienfigur mit zu uns genommen hast. Wenn du so willst, ist es ein Geschenk des Himmels an dich. Es ist jetzt sicherlich richtig, sie zu behalten."

Pünktlich wie an allen seinen Unterrichtstagen saß er an seinem Treffpunkt. „Du hast viel erlebt Tobias", sagte Maria." „Ja, das stimmt. Seit ich dich kennengelernt habe, ist jeden Tag etwas passiert." „Ich denke du hast ja auch einen anderen Blickwinkel für die Dinge in deinem Leben bekommen. Und da du mit Begeisterung und Neugier dabei bist, ist alles was du entdeckst ein neues Erlebnis und Abenteuer." „Ich habe zuerst einmal noch eine Frage an dich. Der Grund, warum ich in der Hütte war, hatte wohl etwas mit dem alten Mann, seinem Leben und mit der Zeit zu tun. Ich habe an seinem Tisch gesessen und finde es recht eigenartig, dass er dort viele Jahre gelebt hat und nun nicht mehr da ist." „Ich weiß. Das, was dich beschäftigt, nennt man Vergänglichkeit. Die Vergänglichkeit hat aber nur auf der Erde eine Bedeutung. Es geht darum zu erkennen, dass die Zeit, die ein Mensch auf dieser Welt verbringt, nur begrenzt ist." „Aber warum muss man denn wieder sterben?" „Es ist so vorgesehen. Schau mal, es ist ein Geschenk, als geistiges Wesen eine Zeit lang auf diesem Planeten zu leben und Erfahrungen in einem materiellen Körper zu machen. Es ist ein Ausflug. Von diesem Ausflug können die Menschen mit den vielen Erfahrungen, die sie auf der Erde gemacht haben, zurückkehren. Sie lassen nur ihren materiellen Körper zurück. Deine wirkliche Heimat ist nicht dort, wo du auf der Erde geboren bist, sondern in der geistigen Welt. Diese Welt, die du wahrnimmst, hat jemand erschaffen. Und dieser jemand ist in letzter Instanz dein und mein Ursprung. Die Menschen bezeichnen diesen Ursprung als Gott. Du lebst somit schon in einer göttlichen Welt, aber trotzdem nur in einem winzigen Teil der gesamten Welten. Auch in der geistigen Welt gibt es die Möglichkeit, Neues zu lernen und wichtige Aufgaben zu übernehmen. Und das geistige Wesen, das du als den alten Mann bezeichnest, das hat nun wieder neue Aufgaben. Die Erfahrungen, die in der geistigen Welt gesammelt werden, können durchaus auch dazu benutzt werden, Menschen zu unterstützen, die auf dieser Welt leben. So wie ich dich unterstütze, so gibt es auch noch viele andere, die an dieser Aufgabe arbeiten." „Wird er denn noch mal auf die Erde zurückkommen?" „Wenn es Sinn macht, wird auch dieses geistige Wesen wieder auf die Erde zurückkommen. Aber natürlich dann als kleines Baby." „Und dann beginnt alles wieder von vorne?" „Das Leben schon, aber vielleicht sind einige neue Veranlagungen für das nächste Leben wichtig. Also könnte er sich vielleicht mehr mit Musik beschäftigen und ein Instrument spielen. Oder er wird Naturwissenschaftler und versucht, als Biologe das Geheimnis des Lebens zu finden. Du siehst, viele Veranlagungen der Menschen auf dieser Welt sind wichtig. Richtig eingesetzt bringen sie den Menschen Freude und diese Welt in ihrer Entwicklung weiter. Auch du hast bestimmte Veranlagungen. Finde sie heraus und du wirst, wie übrigens alle Kinder und Erwachsenen, die es wollen, entdecken, dass sich ihre Interessen und Begabungen bis ans Lebensende durchaus verändern können. Somit besteht das Abenteuer Leben zum einen darin, deine Veranlagungen und Begabungen zu entdecken und zu leben und zum anderen, diese wunderschöne Welt wahrzunehmen." „Und welche Veranlagungen habe ich, Maria?" „Lieber Tobias, das musst du schon alleine, wie auch alle anderen Kinder, herausfinden. Darin besteht nun auch der Reiz, die Welt und seinen Platz darin zu entdecken. Du hast den freien Willen, dich dafür zu interessieren und dich selbst zu entdecken. Wenn alle Menschen auf dieser Welt ihre Veranlagungen kennen und diese in ihrem Leben mit einfließen würden, dann hätten wir eine ganz andere Welt. Alle Menschen würden sich zur Harmonie ergänzen." „Das verstehe ich aber nicht. Wie meinst du das mit der Harmonie?" „Schau mal, es wäre wie in einem Musikorchester, der eine würde dirigieren, der andere Trompete, Geige oder Klavier spielen und in der Gesamtheit käme dann eine wunderschöne Musik zustande. Auch bei einem Hausbau ist es ähnlich. Der Architekt entwirft das Gebäude, ein technischer Zeichner fertigt eine Zeichnung an und viele Handwerker sind dann damit beschäftigt, das Haus zu bauen. Über allem wacht dann der Bauleiter." „Dann wäre ich am liebsten Bauleiter." „Wenn es deinen Veranlagungen entspricht, dann wäre der Wunsch völlig in Ordnung." „Und wenn das nun nicht so wäre?" „Dann würdest du vielleicht diesen Beruf erlernen, aber nicht wirklich glücklich sein. Wenn du deine Veranlagungen lebst, ist es auch viel einfacher, den entsprechenden Beruf zu erlernen. Ansonsten ist es schwierig und bringt dich und die Welt nicht wirklich vorwärts. Denke mal an einen Musiker, der gerne Klavier spielt. Wenn du von diesem verlangst, Trompete zu spielen, hat er sicherlich so seine Schwierigkeiten. Und wirklich harmonisch klingt es wahrscheinlich nicht. Spielt er Klavier, wird er das Musikstück mit Leichtigkeit und Freude spielen." „Ich habe da noch eine weitere Frage an dich. In der Hütte habe ich eine alte Marienfigur gefunden und mitgenommen. Es war eine wunderschöne Figur, die ich in einer alten Bank gefunden habe. Oma wollte aber, dass ich diese Figur wieder zurückbringen sollte. Aber nun ist die Hütte abgebrannt. Kann ich die Figur nach deiner Ansicht denn behalten?" „Du kannst sie gerne behalten. Sie hat genau an dieser Stelle in der Hütte, wo du sie gefunden hast, auf dich gewartet. Und wenn unser kleiner Lehrgang zu Ende ist, soll sie dich immer an unsere gemeinsame Zeit erinnern. Das Abenteuer Leben besteht aus vielem mehr und ich bin sicher, dass du bisher einiges Neues gelernt und erfahren hast." „Das klingt ja nach Abschied, Maria." „Ein Abschied ist es nicht, wir werden auch in Verbindung bleiben, wenn du es willst. Nur werden wir uns dann nicht hier an diesem Platz treffen." „Wenn ich richtig gezählt habe, werden wir uns beim nächsten Mal bereits zum sechsten Mal treffen." „Das ist richtig. Dann werden wir unseren kleinen Lehrgang abgeschlossen haben." „Aber hattest du nicht gesagt, dass wir uns nochmals treffen?" „Ich hatte dir etwas von 6 + 1 Unterrichtsstunde erzählt. Und an deinem freien Tag hast du ja auch einiges gelernt. Und das meinte ich mit der zusätzlichen Unterrichtsstunde." „Aber ich habe doch noch zwei weitere Wochen Ferien. Können wir den Unterricht denn nicht verlängern?" „Es freut mich, dass du so eifrig bist. Aber das, was du bisher alles erfahren hast, den Unterricht, die Übungen von mir und auch von deiner Oma auf der Lichtung, sollten erst einmal von dir wiederholt werden. Das theoretische Wissen, was alles möglich ist, reicht nicht aus. Auf diesem Planeten gibt es sehr viele Lesemeister, aber das Leben zu verstehen, bedeutet, selbst Erfahrungen zu sammeln." „Woher weißt du denn von Omas Übung?" „Ich habe euch ja begleitet, ich war bei euch, aber ich war auch bei dir, als du nochmal alleine auf dem Baumstamm gesessen hast." „Aber wie geht so etwas?" „Die Entfernungen auf der Erde scheinen für dich und alle anderen Bewohner oftmals weit weg zu sein. Wenn du dich in der geistigen Welt aufhältst, spielen Entfernungen auf diesem Planeten keine Rolle. Du reist in einer Geschwindigkeit, die schneller als die Lichtgeschwindigkeit ist. Aber das ist erst einmal nicht so wichtig. Viel wichtiger wäre für dich, dein Wissen weiter zu überprüfen und zu erweitern und die besprochenen Übungen immer wieder durchzuführen. Für unsere nächste Unterrichtsstunde hätte ich noch eine kleine Aufgabe für dich. Du wirst bei deiner Oma im Bücherregal einen medizinischen Atlas finden. In diesem Buch ist das Skelett des menschlichen Körpers abgebildet. Schaue dir mal den Kopf, die Wirbelsäule, das Steißbein und das Becken an." „Und warum soll ich das tun?" „Das werde ich dir morgen erklären. Für heute ist unser Unterricht jedenfalls beendet." Und so machte er sich auf den Rückweg und fand, wie Maria es gesagt hatte, das medizinische Buch im Bücherregal. Er hatte sich noch nie für ein solches Buch interessiert. Das Skelett erinnerte ihn eher an einen Piratenfilm. Dort hatte solch ein Skelett mal einen Schatz bewacht. Aber das ging ja anscheinend nur im Film. Zum Glück standen auch die Bezeichnungen der einzelnen Knochen auf der Seite. Aber was sollte denn so wichtig sein, sich solch ein Skelett anzuschauen? Morgen sollte er es erfahren.

Heute Abend wollte Tobias endlich mal die kleinen Katzenkinder streicheln. Oma hatte ihm ja schon einen guten Tipp gegeben, wie es gehen könnte. Wie immer knarrte die Schuppentüre beim Öffnen. Tobias konnte noch ein Rascheln und schnelles Weglaufen von kleinen Katzenpfötchen hören. Als er im Schuppen stand, war alles wieder ganz ruhig. „Frau Jansen, Frau Jansen", rief er leise. Und schon hörte er ein Maunzen. Die Katzenmutter kam hinter einem Stapel von alten Brettern hervor. Sie schnurrte bereits, als sie die Schale voller Milch sah. Tobias hatte die Milchschale vor sich abgestellt. Zwei der Katzenkinder schauten nun auch an verschiedenen Stellen hinter dem Holzstapel hervor. Und da war auch das dritte Kätzchen, es kam recht vorsichtig auf die Milchschale zu gelaufen. Frau Jansen gurrte und alle drei Kätzchen waren nun schon recht nah bei ihrer Mutter und somit bei der Milch. War es jetzt möglich Frau Jansen und das Kätzchen zu streicheln? Oder sollte er warten, bis alle drei bei ihrer Katzenmutter am Milch trinken waren. Er entschied sich solange zu warten, bis alle drei Kleinen um die Schale herumstanden. Vorsichtig streckte er seine Hand nach Frau Jansen aus. Sie schnurrte noch lauter, als sie gestreichelt wurde. Nun versuchte Tobias das kleine Kätzchen rechts neben Frau Jansen zu streicheln. Und Oma hatte Recht behalten, es war möglich, solange noch Milch in der Schale war. Das Kätzchen fühlte sich samtweich an. Nachdem sie die Milch getrunken hatten waren die Kleinen schon wieder hinter ihrem Holzstapel. Fröhlich ging er, nachdem er die Schuppentüre gut verschlossen hatte, wieder ins Bauernhaus zurück.

6. Unterrichtsstunde

Als er an diesem Morgen erwache verspürte er ein Gefühl von Traurigkeit in sich. Heute war sein letztes Treffen mit Maria. Was sollte er heute noch lernen und Neues erfahren? Wie sollte es denn nun weitergehen? Könnte er auch mit Maria Kontakt aufnehmen, wenn er nach den Ferien wieder zu Hause war? Und wenn ja, wie sollte das denn gelingen? Jede Menge Fragen stellten sich ihm. Das Frühstück war wie immer eine Klasse für sich. Oma hatte mal wieder ein Nuss Brot gebacken, also ein Brot mit Haselnüssen. Er roch im ganzen Haus nach frischen Brot. Auch ihr letztes Glas Erdbeermarmelade, das er in ihrer Speisekammer gefunden hatte, kam auf den Tisch. „Tobias, wenn du nachher wieder auf dem Hof bist, könnten wir ja noch Erdbeermarmelade einkochen. Würdest du mir denn beim Pflücken helfen?" „Oh ja, gerne." „So gegen 15:00 Uhr würde ich gerne mit dem Pflücken anfangen. Sei bitte pünktlich."

„Du scheinst heute traurig zu sein", meinte Maria, als sie ihn auf der Wiese ansprach. „Ja, sehr. „Das hat mit unserem letzten Unterricht zu tun." „Nun, es wird kein wirklicher Abschied sein, denn du kannst jederzeit Kontakt zu mir aufnehmen. Übrigens können das alle Kinder und auch die Erwachsenen, wenn sie es wirklich wollen." „Aber wie soll ich das denn machen? Wenn ich erst wieder in der Schule bin, kann ich dich doch gar nicht an diesem Platz treffen." „Um Kontakt zu mir aufzunehmen ist es gar nicht notwendig, hier an diesen Ort zu kommen. Egal wo du dich aufhältst auf dieser Welt, es ist überall möglich." „Ja, und wie mache ich das? Soll ich nach dir rufen?" „In gewisser Weise schon, aber nicht, dass du lautstark durch Fröhlichstadt läufst und meinen Namen rufst. Es geschieht über die Stille, das ist nicht nur der Weg für dich, sondern für alle Menschen." „Und wie mach ich das mit der Stille?" „Du erinnerst dich sicherlich noch an die Übung, die du auf der Lichtung ausprobiert hast, um das Energiefeld dieses Platzes wahr zu nehmen." „Ich musste erst einmal ganz ruhig werden und auf meinem Atem achten. Und als ich ruhig geatmet habe, darauf achten, dass meine Füße direkt Kontakt mit der Erde hatten. Mein Rücken sollte gerade aufgerichtet sein und meine Hände lagen auf meinen Oberschenkeln mit der Innenfläche nach oben. Und danach habe ich dann die Augen geschlossen." „Genauso ist es richtig", meinte Maria. Die Übung der Stille geht aber noch etwas weiter. Es gibt noch einige wenige Schritte, die gemacht werden müssen, um die Stille zu finden. Auch wenn es sicherlich am Anfang einiger Übung bedarf. Hast du denn gestern Abend den menschlichen Körper in Omas Buch angesehen?" „Ja, schon, aber ich weiß nicht, ob ich mir alles merken konnte." „Es geht auch eher um den Skelettbau. Du weißt, wo die Wirbelsäule beginnt und wo sie aufhört." „Das Ende ist am Steißbein und dort setzen dann die Beckenknochen an." „Und das Becken hat bei unserer Übung eine besondere Bedeutung. Lass es uns am besten gleich ausprobieren. Dort am Waldrand siehst du

57

eine Bank." Ihm war diese Bank bei seinen vielen Besuchen noch nie aufgefallen. Die Bank war auf den ersten Blick auch nicht zu erkennen. Einige Büsche und Gräser hatten die Bank umwuchert. Sie schien etwas morsch zu sein, konnte aber sein Gewicht sicherlich noch aushalten. Die Bank knackte leicht, als er sich hinsetzte. Hier hatte er auch eine neue Perspektive beim Blick ins Tal. War das ein schöner Ausblick. „So, und nun achte auf deinen Atem und deine Haltung." Nachdem er die Augen geschlossen hatte, hörte er Marias Stimme. „Nun gehe mit deinem Bewusstsein hinter die Augen an den Anfang der Wirbelsäule. Von dort gehe nun jeden einzelnen Wirbel deiner Wirbelsäule langsam herunter. Lass dir Zeit und gehe achtsam diesen Weg. Wirbel für Wirbel." Tobias machte alles nach Marias Anweisungen. Es war schon etwas eigenartig, wo sollte das denn noch hingehen? Er hatte zu seiner Lehrerin Maria Vertrauen und war sicher, dass eine neue Entdeckungsreise auf ihn wartete. „Am Ende der Wirbelsäule liegt ein Knochen, den die Menschen als Steißbein bezeichnen. Wenn du dort angekommen bist, dann lass dich mit deinem Bewusstsein in dein Hüftbecken fallen. Und dort bleibe." Tobias ließ sich in sein Becken plumpsen. Es war recht eigenartig, solch einen Reise in seinem Körper zu unternehmen. Jedenfalls wäre er von alleine nie auf eine solche Übung gekommen. Er hörte noch Marias Ratschlag, dass er sich hier durchaus wie in einer Badewanne fühlen könnte, also warm und geborgen. Aber natürlich tauchten auch Gedanken auf: Er dachte an Omas Bauernhof und dann auch noch mal an die Hütte des alten Mannes, die er vor einiger Zeit noch betreten hatte. „Du kannst Gedanken, die sich in dir bilden, auch auf eine Wolke setzen und diese wegschicken. Solange bis du keine Gedanken mehr hast." Für einen kurzen Moment hatte er den Eindruck, keine Gedanken mehr zu haben, es war eine Empfindung der Leere und gleichzeitig der Fülle in ihm. „Hier ruhst du in dir und der Zeit", meinte Maria. „So, und nun beenden wir diese kleine Reise. Gehe mit deinem Bewusstsein an dein Steißbein zurück und von dort langsam Wirbel für Wirbel wieder nach oben. Lass dir Zeit und gehe achtsam. Oben am Anfang der Wirbelsäule gehe mit deinem Bewusstsein zu deinen Augen und öffne diese." Langsam führte er alle Schritte aus. Etwas verschlafen öffnete er wieder die Augen. Es schien ihm, als ob eine lange Zeit vergangen sein musste. „Maria, wie lange habe ich denn die Übung der Stille durchgeführt?" „Es waren genau 6 Minuten." „Oh, das ist ja recht kurz, ich fand es war viel viel länger." „Das Gefühl für die Zeit kommt dir während der Übungen etwas abhanden. Aber das ist nicht weiter schlimm. Du weißt ja: Du lebst in der Ewigkeit, die Zeit gibt es nur auf der Erde." „Ich glaube, dass ich für einen kurzen Augenblick keine Gedanken mehr hatte. Ist das denn schlimm?" „Nein. Das Ziel der Übung zur Stille sieht ja gerade die Ruhe vor, diese ist ganz wichtig. Du ruhst in dir selbst und in der Zeit. Und dabei bist du achtsam. Die Gedanken werden immer wieder kommen, das ist aber auch nicht weiter schlimm. Setze diese immer wieder auf eine Wolke und schicke sie fort. An manchen Tagen wird es am Anfang leichter sein, an anderen aber wieder schwieriger, diese Übung durchzuführen. Und nach einiger Zeit wird es immer einfacher werden. Und das gilt natürlich auch für alle anderen Kinder oder Erwachsenen, die diese Übung durchführen. Zu dieser Übung musst du nicht im Wald sein, oder an einem anderen bestimmten Ort. Du kannst dich auch auf einen Stuhl in deinem Zimmer setzen, aber nicht anlehnen, da die Rückenlehnen der Stühle meist gewölbt sind. Es ist wichtig, dass dein Rücken gerade und aufrecht bleibt." „Wie oft soll ich denn diese Übung machen, um zur Stille zu kommen?" „Anzuraten wäre es sicherlich, dass du dir jeden Tag etwas Zeit dafür nimmst. 5-10 Minuten reichen sicherlich aus. Auch kann deine Empfindung für die Zeit sehr unterschiedlich sein. Am Anfang sind schon fünf Minuten ruhig zu sitzen schwierig, je länger du üben wirst, umso mehr Routine bekommst du. Wichtig ist aber auch, dass du nichts erwartest. Es mag für dich oder auch für die anderen Kinder scheinbar nichts passieren. Aber ich kann dir versichern, dass du manche Wirkungen erst etwas später, nach Wochen oder Monaten wahrnehmen wirst." „Und wie nehme ich nun bei dieser Übung Kontakt zu dir auf?" „Das ist recht einfach. Du musst mit deinem Bewusstsein in dein Herz gehen. Also stelle dir vor, dass du dich in deinem Herz befindest. Und hier kannst du mir, wie auch alle anderen Kinder, jede Frage stellen, die dir bzw. ihnen einfällt. Die Antwort bekommst du von mir nicht immer durch Worte. Es gibt auch noch andere Möglichkeiten, dir eine Antwort zukommen zu lassen." „Meinst du vielleicht auch durch Träume?" „Ja, auch das ist möglich oder auch wenn du die Stilleübung durchführst. Es gibt auch noch viele andere Wege. Lass dich überraschen. Manchmal ist es notwendig, Antworten erst etwas später zu erhalten, in anderen Fällen dann auch wieder schneller." „Also kann ich dir immer Fragen stellen, egal wo ich bin? Ich brauche also nur in mein Herz zu gehen und eine Frage stellen?" „Ja. Wie du siehst, ist das ganz einfach. Am einfachsten ist es jedenfalls, mit der geistigen Welt Kontakt aufzunehmen, wenn die Menschen sich in einer Ruhephase befinden. Dann, wenn keine Gedanken mehr erscheinen, dann ist es für uns am einfachsten, Kontakt aufzunehmen. Deine Weisheit für unsere heutige Unterrichtseinheit lautet: Ein geistiger Lehrer lässt sich nicht suchen, er lässt sich nur finden."

„Du hast viele Dinge erfahren und wichtige Worte in Form von Sätzen von mir bekommen. Es ist wichtig, dass du alle in deinem Büchlein aufgeschrieben hast und auch weiterhin aufschreibst. Wenn du so willst, ist das ein Lehrgang in Kurzform. Natürlich ist es ein kleiner Anfang, denn du wirst in deinem Abenteuer 'Leben', so wie alle Kinder, die es wollen, noch viel mehr erfahren. Schreibe auch diese neuen für dich wichtigen Erkenntnisse auf. Dann wirst du nach einigen Jahren schon ein gutes Nachschlagewerk haben. Denn es wird wichtig sein, von Zeit zu Zeit nochmals etwas nachzulesen. Deine Erkenntnisse kannst du dann auch gerne an andere Kinder oder auch Erwachsene weitergeben. Wenn alle Kinder damit beginnen und mitmachen, werden wir alle eine fried- und liebevolle Welt erschaffen. Und nun merkst du wieder einmal, dass du Tobias wie alle Kinder wichtig sind für diese Welt. Du erinnerst dich sicherlich noch an deine Frage von unserer ersten Unterrichtsstunde?" „Ja. Ich hatte dich gefragt, was das Leben auf dieser Welt überhaupt soll, wenn wir doch aus einer anderen Welt kommen." „Anders ausgedrückt wolltest du wissen, was denn der Sinn des Lebens für die Menschen ist. Weißt du es jetzt?" Er überlegte einen kurzen Augenblick. „Ich nehme an, du hast mir durch den Unterricht und mit den Übungen versucht, den Sinn des Lebens zu vermitteln. Also, neugierig zu sein, die Welt zu entdecken und wahrzunehmen." „Ja, du hast Recht, aber du hast auch noch etwas Wesentliches vergessen." „Und was soll das sein?" „Dass es neben dieser sichtbaren Welt auch noch eine andere Welt gibt, in der dein wirkliches Zuhause ist." „Du meinst die geistige Welt?" „Ja. Und wir haben auch in diesem Zusammenhang über die Träume gesprochen. Erinnerst du dich noch an den wichtigen Satz." „Ich glaube es war: Durch Träume schaffst du Wirklichkeiten", erwiderte Tobias. „Schön, dass du dich daran erinnerst. Die geistige Welt ist genauso real, wie diese gegenständliche Welt, in der die Menschen auf der Erde leben. Bleibe in deinem Leben weiterhin achtsam und an allem interessiert. So gibt es noch viel für dich zu entdecken. Vergiss aber nicht, dich auch zu bedanken." „Und bei wem soll ich das tun?" „Natürlich bei dem, der dich geschaffen hat oder dem geistigen Helfer, der in seinem Auftrag gehandelt hat." „Also bei dir?" „Ja, bei mir oder Gott. Das Wort 'Danke' reicht vollkommen aus. Es ist ein Wort der Dankbarkeit und der Wertschätzung." „Danke, Maria." Ihm schossen Tränen in die Augen. „Ich will aber noch vielmehr lernen." „Das wirst du auch. Und ich verspreche dir, dich auf deiner Reise durch die Welten zu begleiten." „Egal wo ich bin?" „Ja, natürlich,

Tobias. Solange du willst werde ich dich unterstützen. Irgendwann in der Zukunft brauchst du mich dann nicht mehr, und dann kannst du anderen Menschen die Hilfestellung geben, die du von mir bekommen hast." Tobias hatte das Gefühl, dass ihm Maria sehr nah war. Es war wohl ihr geistiger Körper, den er wahrnahm. Es war ein Gefühl der Nähe, der Liebe und Geborgenheit. Aber Worte konnten Tobias' Empfindungen nicht wirklich wiedergeben. Am liebsten hätte er Maria umarmt. Und so machte er sich mit Tränen in den Augen auf den Rückweg zu Oma Hilde.

Kurz vor 15:00 Uhr saß Oma auf ihrer Bank vor dem Küchenfenster und wartete bereits mit zwei großen Körben. Sie wollte nun wieder ihre Bestände an Erdbeermarmelade auffüllen und mit ihrem Enkel ihre wunderbare und leckere Erdbeermarmelade einkochen. „Eine halbe Stunde sollte für das Pflücken ausreichen", meinte Oma. Tobias wollte, besser er musste Oma dabei helfen. Auch in der Vergangenheit war es immer so, dass er viele dieser köstlichen Erdbeeren nicht ins Körbchen, sondern direkt in seinen Mund fallen gelassen hatte. „Hier die beiden Körbe müssen wir mit Erdbeeren füllen." Er folgte ihr zu ihren Erdbeerpflanzen oder besser gesagt zu ihrem Erdbeerfeld. Hier leuchteten viele rote Erdbeeren unter den Erdbeerblättern hervor. Er konnte nicht widerstehen. Erdbeeren, die noch warm von dem Sonnenschein waren, waren einfach das Leckerste, was er sich vorstellen konnte. Oma war bereits am Pflücken und ihr Korb füllte sich immer mehr, als ihr auffiel, dass Tobias noch keine einzige Erdbeere in seinem Korb hatte. „Tobias", ermahnte sie, "du sollst nicht gleich alle Erdbeeren essen, sondern sie sammeln. Sonst haben wir nicht genug für meine Erdbeermarmelade. Du kannst gerne alle haben, die nachher noch überbleiben?" Und so sammelte er auch, schaute nach Oma, und immer, wenn diese mit dem Pflücken beschäftigt war, konnte er schnell noch weitere Erdbeeren essen. Nach gut einer halben Stunde waren beide Körbe gut gefüllt. Die beiden brachten ihre Ernte in die Küche. Dort hatte Oma bereits alles vorbereitet. Es gab eine Waage, dann den Gelierzucker, der die Erdbeermarmelade haltbarer machte und ihr eine gewisse Festigkeit gab. Die abgewogenen Erdbeeren wurden etwas zerkleinert, in einem Topf erhitzt und dann nach Omas Vorschrift mit dem Zucker aufgekocht. Danach füllte sie die Marmelade in ihre Einmachgläser. Nach dem Einfüllen wurden die Gläser gut verschlossen. Die gesamte Küche roch nach Erdbeeren. Das war mit der schönste Geruch, den er jemals gerochen hatte. Und natürlich blieben auch einige Erdbeeren über. Erschöpft setzte sich Oma Hilde an ihren Küchentisch. „Für heute reicht es erst einmal. Wir haben insgesamt 40 Gläser. Jetzt lassen wir sie erst mal abkühlen. Morgen gegen 08:00 Uhr bringen wir sie dann in meine Vorratskammer."

Und so gingen ein ereignisreicher Tag und ein siebentägiger Lehrgang zu Ende. Bald würde auch seine Mutter auf dem Bauernhof Urlaub machen. Dann waren alle wieder beisammen. Und er hatte viel zu erzählen, von seinen Erlebnissen mit Maria und seinen Übungen, die ihn in seiner Wahrnehmung dem Abenteuer Leben nähergebracht hatten.

Und Tobias sollte noch viel mehr erfahren, aber das wird in einem weiteren Buch erzählt. Und bis dahin können alle, die es wollen, die Weisheiten und ihre eigenen Erfahrungen in ihr eigenes Büchlein schreiben und die beschriebenen Übungen regelmäßig durchführen. Ich bin sicher, dass auch die Hilfe aus der geistigen Welt, für alle, die es wollen zur Verfügung steht.

Und nun wünsche ich allen Lesern viel Erfolg auf der Reise in und durch ihr eigenes Leben.

Peter Wandler

Wie sollte nun unsere Geschichte oder die Geschichte von Tobias und seiner Entdeckungsreise zu sich selbst und der Welt weitergehen? Als ich den Auftrag bekam, die Geschichte zu schreiben, war für mich selbst noch nicht klar, wohin die Reise gehen sollte. Und nachdem ich alles aufgeschrieben hatte, wurde mir mitgeteilt, weiter zu schreiben. So entstand nun der zweite Teil unserer Geschichte oder besser gesagt, die Fortsetzung. Und nun wünsche ich allen kleinen und großen Lesern viele Erkenntnisse und Inspirationen für ihr eigenes Leben.

Eine Geschichte von der Welt, für die Welt

Teil 2

Teil 2

Tobias hatte mit seiner Mutter vor einigen Tagen Oma Hilde und die Tiere auf dem Bauernhof verlassen. Es war für ihn ein trauriger Abschied gewesen. Am liebsten wäre er auf dem Hof geblieben. Die Ereignisse und Erlebnisse in seinen Ferien hatten einen tiefen Eindruck bei ihm hinterlassen. Bei Oma lebte er scheinbar in einer anderen Welt. Auch schien ihm die Zeit dort viel länger zu sein, als in der Stadt. Er vermutete, dass es etwas mit seiner Wahrnehmung zu tun hatte. Hätte er Maria fragen können, hätte er sicher eine Bestätigung für diese Feststellung bekommen.

Seine Mutter war wie geplant in den letzten beiden Ferienwochen von Tobias auf dem Bauernhof eingetroffen. Die Drei hatten einige Ausflüge in die Berge und in die nähere Umgebung unternommen. Die Ferienzeit war für ihn wie im Flug vergangen. Obwohl er immer noch der Meinung war, dass sein Zeitgefühl hier etwas anderes war, als in der Stadt. Und ehrlich, die Übungen hatte er am Anfang noch sehr oft gemacht. Aber irgendwie hatte er dann nicht die Zeit dafür gefunden oder sich die Zeit in seinem Tagesablauf nicht mit eingeplant. Und die Ferienzeit gemeinsam mit seiner Mutter zu verbringen, war für ihn sehr wichtig gewesen. Doch irgendetwas in ihm sagte, dass ihm etwas fehlte. Aber was es war, wusste Tobias auch nicht. Es hatte wohl etwas mit Maria und den Übungen zu tun. Maria hatte er nach seinem Abschied nicht mehr am Platz im Wald angetroffen. Was er auch anstellte, irgendwie war sie nicht mehr zu sprechen. Ob es dafür einen Grund gab?

Wieder in der Stadt

Heute war Sonntag und am Montag, sollte die Schule wieder beginnen. Tobias verspürte nun wirklich keine große Lust an seine Lehrer zu denken, denn sie waren einfach anders als Maria. Er wohnte mit seiner Mutter in einer Drei-Zimmer-Wohnung mitten in Fröhlichstadt. Nun saß er wieder in seinem Zimmer, in das die Sonne schien. War Maria auch hier bei ihm, war er wirklich nicht getrennt von ihr, wie sie ihm das gesagt hatte? Besonders wichtig für ihn war das Büchlein geworden. Hier hatte er alle wichtigen Lebensweisheiten und die Übungen eingetragen. Zusätzlich standen seine weiteren Erkenntnisse sowie Erfahrungen mit den Hoftieren und mit der Natur darin. Hätte er seine Erlebnisse nicht in das kleine Büchlein eingetragen, dann wäre für ihn der Eindruck entstanden, das Erlebte nur geträumt zu haben. Aber alles war wirklich passiert. Er blättere darin und fand die Seite mit seiner Notiz: „Wenn du mich sprechen willst, dann gibt es für dich die folgende Möglichkeit: „Du musst mit deinem Bewusstsein in dein Herz gehen". Also stelle dir vor, dass du dich in deinem Herzen befindest. Und hier kannst du mir, sowie auch alle anderen Menschen, jede Frage stellen, die dir oder euch einfällt." ‚Ach ja‘, dachte er. ‚Es ist ja möglich, dass ich meine Fragen im Herz stelle und somit Kontakt zu Maria aufnehme. Und bevor nun die Schule wieder anfing musste er, oder besser wollte er das nochmal ausprobieren.

Die Stilleübung

‚Am besten verbinde ich meine Fragen mit der Stilleübung, die mir Maria bereits gezeigt hat‘, dachte er. Tobias setzte sich auf einen Stuhl in seinem Zimmer. Was hatte er zu dieser Übung aufgeschrieben? „Du kannst dich auch auf einen Stuhl in deinem Zimmer setzen, aber nicht anlehnen, da die Rückenlehnen der Stühle meist gewölbt sind. Es ist wichtig, dass dein Rücken gerade und aufrecht bleibt. Deine Hände lege auf deinen Oberschenkeln ab. Die Innenseiten der Hände sind nach oben geöffnet. Nun schließe die Augen und gehe mit deinem Bewusstsein hinter die Augen an den Anfang der Wirbelsäule. Von dort gehe nun jeden einzelnen Wirbel deiner Wirbelsäule langsam herunter. Lass dir Zeit und gehe achtsam diesen Weg. Wirbel für Wirbel. Am Ende der Wirbelsäule liegt ein Knochen, den die Menschen als Steißbein bezeichnen. Wenn du dort angekommen bist, dann lass dich mit deinem Bewusstsein in dein Hüftbecken fallen." Er ließ sich in sein Hüftbecken fallen. Obwohl er sich mit seinem Bewusstsein im Becken befand, kamen ihm immer wieder Gedanken in den Sinn. Was hatte Maria ihm empfohlen? „Du kannst Gedanken, die sich in dir bilden auch auf eine Wolke setzen und diese wegschicken. Solange bis du keine Gedanken mehr hast." Tobias war hellwach, obwohl er die Augen geschlossen hatte. Und natürlich kamen viele Gedanken in ihm auf, zu Omas Bauernhof, seinem Urlaub und verschiedene Erlebnisse während seiner Ferien. All diese Gedanken setzte er jeweils auf eine Wolke und schickte diese weg. Nun ging er mit seinem Bewusstsein aus dem Becken zu seinem Herz. Hier konnte er endlich Maria seine Fragen stellen.

„Maria, ich habe Fragen an dich, bist du hier, bitte spreche mit mir?" „Ja, Tobias. Was willst du denn wissen?" Tobias war überrascht und erschrocken zugleich, so schnell eine Antwort zu bekommen. Er brauchte einen Moment, um sich von seinem Schreck zu erholen. „Wieso konnte ich dich im Wald nicht mehr antreffen und mit dir sprechen? Wolltest du denn nichts mehr von mir wissen?" „Ich wollte schauen, ob du weiterhin an unseren Gesprächen interessiert bist und ob du die Übungen machst. Natürlich bist du wie alle Kinder wichtig für diese Welt. Denn ihr seid die Zukunft. Es gibt aber auch Zeiten, wo es für den Einzelnen schwieriger ist, Kontakt aufzunehmen. Das hängt oft damit zusammen, dass erst bestimmte Dinge gelernt oder Erfahrungen erlebt werden müssen. Sieh es am besten als kleine Prüfung an." „Oh, da bin ich aber froh Maria." „Wie du sicherlich weißt, habe ich mir nicht immer für die

Übungen Zeit genommen, aber ich habe in der Natur noch wichtige Dinge herausgefunden und auch aufgeschrieben." „Ich weiß. Aber du hast auch jetzt gemerkt, dass es gar nicht so schwierig ist, Kontakt mit mir aufzunehmen. Alles was du oder die anderen Menschen benötigen, ist die korrekte Durchführung der Stilleübung, regelmäßige Übung und das wirkliche Verlangen, Kontakt aufzunehmen. So, und nun kannst du wieder beruhigt schlafen, denn du weißt, dass ich jederzeit bei dir sein kann, wenn du mich rufst." Tobias bedankte sich. Er machte sich auf den Rückweg. Vom Herz ging er in sein Becken zurück und dort mit seinem Bewusstsein an sein Steißbein. Und danach ging er wieder langsam Wirbel für Wirbel nach oben. Am Anfang der Wirbelsäule angekommen, ging er mit seinem Bewusstsein zu den Augen und öffnete sie wieder.

Der erste Schultag

Der Wecker klingelte und recht müde schaute Tobias an diesem Morgen auf die digitale Anzeige. Es war Montag und noch dazu sein erster Schultag nach den Sommerferien. Er stand auf und verschwand schnell im Badezimmer. Seine Mutter war bereits in der Küche und bereitete das morgendliche Frühstück vor. Immer noch müde setzte er sich an den Küchentisch. Irgendwie verspürte er gar keine Lust, wieder in die Schule zu gehen. Die Zeit auf dem Bauernhof mit den Tieren und seinen Erlebnissen hatte einen tiefen Eindruck hinterlassen. Wie in keinem Jahr zuvor hatte er so viel entdeckt, wahrgenommen und auch viel über das Leben erfahren. Nun aber war er scheinbar in einer anderen Welt oder besser ausgedrückt, in einem anderen Teil dieser Welt, also in der Stadtwelt. Auch das heutige Frühstück mit ausreichend viel Erdbeermarmelade vermochte seine Stimmung nicht gerade zu heben. Nachdem er sich verabschiedet hatte, machte er sich auf den Weg zur Schule.

In der ersten Schulpause setzte sich Tobias mit seinem Freund Felix auf die Treppe vor dem Eingang der Schule. ‚Was hatte wohl Felix in seinem Urlaub erlebt?', dachte er. „Sag mal Felix, wie war denn dein Urlaub in Spanien?" „Es war sehr schön in Spanien, auf der Insel Teneriffa war es immer sehr warm und ich bin täglich im Meer schwimmen gewesen. Meine Eltern haben den ganzen Tag am Strand verbracht und einmal haben wir auch einen Ausflug nach San Cristóbal de La Laguna gemacht, um uns dort eine alte schöne Kirche anzuschauen. Das war sehr interessant. So eine schöne Kirche habe ich vorher noch nie gesehen. Sie hatte so einen ganz anderen Baustil als die Kirchen hier bei uns in Fröhlichstadt." Tobias überlegte. ‚Er wäre auch gerne mal nach Spanien ans Meer gereist, aber jeden Tag am Meer zu liegen und schwimmen zu gehen hätte ihm keinen Spaß gemacht. Lieber hätte er viele Ausflüge unternommen und sich die Natur angeschaut und wahrgenommen. Aber hätte Maria ihn nicht auf die vielen Möglichkeiten der Wahrnehmung hingewiesen, wäre ihm vielleicht auch gar nicht bewusst geworden, was ihm alles entgangen wäre. Scheinbar war es für alle Kinder wichtig, darauf hingewiesen zu werden, welche Möglichkeiten der Wahrnehmung es wirklich gab. Die Eltern schienen wohl oftmals davon keine Ahnung zu haben, auch wenn es wohl sicher Eltern gab, die ihren Kindern die Welt zeigten. „Und hat dir das Spaß gemacht, jeden Tag am Strand zu liegen und schwimmen zu gehen?" „Ja schon, nur hätte ich gerne mehr von der Insel gesehen. Es gibt dort einen uralten Drachenbaum, der bereits 3000 Jahre alt sein soll und einen botanischen Garten mit vielen interessanten Pflanzen und Bäumen, die Seefahrer aus der gesamten Welt mitgebracht haben sollen. Und natürlich finde ich es etwas schade, dass meine Eltern keinen weiteren Ausflug machen wollten." „Und was hast du gemacht?" Doch bevor Tobias die Frage beantworten konnte, kam Dennis, ein weiterer Mitschüler, der gleichzeitig auch Klassenbester war, zu den beiden. Er setzte sich mit auf die Treppenstufen. Und gleich begann er zu erzählen. „Stellt euch vor, ich war mit meinen Eltern in Mexiko. Wir haben dort in drei Wochen das gesamte Land bereist und alle wichtigen Städte und Bauwerke angeschaut. Wir waren in Teotihuacan, El Rosario, Puebla, Tulum und bei vielen anderen Sehenswürdigkeiten." „Und was gab es da zu sehen?", fragte Tobias „Na ja, es gab eine alte Mayastadt am Meer, ich glaube es war in Puebla, alte Kirchen und Bauwerke in den anderen Städten und natürlich auch einen schönen Sandstrand." „Aber hieß die alte Mayastadt am Meer nicht Tulum und nicht Puebla, wie du behauptet hast?" „Das kann schon sein, ich habe mir das auch aufgeschrieben. Es ist auch nicht so wichtig. Die Reise für uns drei hat 6700,00 € gekostet. Das macht lange noch nicht jeder. Mein Vater ist Geschäftsführer und verdient nun mal sehr viel Geld. Ich habe auch einen Poncho bekommen." „Was ist denn das?", fragten die beiden Freunde gleichzeitig. „Das ist ein mexikanisches Kleidungsstück, das als Mantel oder so getragen werden kann." „Wirst du denn diesen Poncho auch mal in der Schule anziehen?" „Na, das geht nicht, hier trage ich lieber meine Markenjeans und meine Markenjacke." „Und, hast du den Poncho in Mexiko getragen." „Nein, das wollte ich nicht, ich wollte ja nicht wie ein Mexikaner aussehen." ‚Oh, wie abgehoben', dachte Tobias. ‚Was hat denn das alles nur für einen Sinn, im Stress sich alles im Land anzuschauen, sich nicht mehr genau erinnern zu können und dann etwas zu kaufen, obwohl man es nicht braucht. Schon komisch, der eine liegt fast nur am Strand, der andere wird mit Eindrücken und Sehenswürdigkeiten überschüttet und kann sich fast nicht mehr erinnern. Scheinbar waren wohl beide Extreme nicht richtig. Da bin ich froh, dass ich Maria getroffen habe. Ich habe viel erlebt und hatte immer noch zusätzlich Zeit für meinen Urlaub und meine Interessen.' Er verstand nun, warum Maria die Schulungen täglich begrenzt hatte und ihn immer nur in kleinen Schritten auf etwas Neues hingewiesen hatte. Also war wohl weniger doch mehr, irgendwie ein komischer Spruch, eher ein Widerspruch, aber in diesem Fall stimmte er. Und nun klingelte die Pausenglocke. Tobias und Felix folgten Dennis in ihr Klassenzimmer. Er war bereits mit einer Schülerin Namens Nina beschäftigt, der er noch schnell die Einzigartigkeit seiner Mexikoreise mitzuteilen hatte. ‚Oh, was für ein Angeber‘, dachte Tobias. ‚Ob Dennis überhaupt weiß, welche Fähigkeiten er hat? Aber warum sind denn Kinder oder auch Erwachsene oft so überheblich und arrogant?‘ Das war mal wieder eine Frage an Maria, die er schnellstens beantwortet haben wollte.

Im Botanischen Garten

Für den Nachmittag hatten sich Tobias und Felix verabredet. Da das Wetter sehr gut war und zusätzlich die Sonne schien, wollten die beiden in den Botanischen Garten von Fröhlichstadt. Tobias kannte Felix bereits aus dem Kindergarten. Schon dort hatten sie sich angefreundet. Felix hatte noch einen Vater, der zur Verfügung stand, wenn er Fragen zum Leben hatte. Tobias fehlte sein Vater schon sehr. Dieser war bei einem Autounfall ums Leben gekommen, als Tobias sechs Jahre alt war. Oft hatte er sich gefragt, warum er ohne Vater aufwachsen musste. Ob Maria darauf eine Antwort hatte? Diese Frage musste er unbedingt seiner weisen Lehrerin noch stellen. „Sag mal Felix, hat dich Dennis auch so genervt mit seiner Urlaubsgeschichte.“ „Ja schon. Der hat es auch wirklich nötig. Seinen Vater sieht er meist am Wochenende und dann auch nur am Sonntag. Der arbeitet und arbeitet und hat für seine Familie keine Zeit. Das ist ein wirklicher Karrieremann, der auch noch viel Geld verdienen soll.“ Tobias überlegte: ‚Da hat Dennis einen Vater, aber außer in den Ferien sieht er diesen kaum. Aber was nützt es, wenn der nicht zur Verfügung steht? Ist denn die Karriere so wichtig im Leben? Das muss ich unbedingt auch noch Maria fragen‘. Den Weg zum Botanischen Garten legten die beiden Freunde mit dem Fahrrad zurück. Nachdem sie die Fahrräder an einem Fahrradständer gut verschlossen hatten, lösten sie am Eingang zwei Tickets. Schüler konnten für 1,00 € Eintritt solange bleiben, wie sie wollten. Felix interessierte sich sehr für die verschiedenen Gewächse, Bäume und natürlich auch für die verschiedenen Blumen. Leider wohnte er wie Tobias auch in einer Stadtwohnung ohne Garten und Balkon. Da gab es für die beiden Freunde nur den großen Botanischen Garten, um direkt in die Natur zu kommen. Im Sommer saßen sie oft auf der Wiese unter Obstbäumen und machten hier ihre Hausaufgaben. Bei Regen gab es ein kleines Gartenhäuschen mit Tisch, also ideal, seine Hausaufgaben im Trockenen zu machen. Auch wenn die großen Glashäuser mit den südamerikanischen Pflanzen recht feucht und schwül waren, so konnten sie in eine andere Welt eintauchen. Und jedes Mal gab es wieder etwas Neues für die beiden zu entdecken.

„Sag mal, Tobias, wie war denn dein Urlaub? Was hast du denn die ganze Zeit gemacht?" „Ich war bei meiner Oma auf dem Bauernhof, wie im jedem Jahr. In den letzten zwei Wochen haben wir dann zu dritt viele Ausflüge unternommen. Ich habe viel erlebt, die Katzensprache erlernt, reiten gelernt und in einer alten Hütte eine wunderschöne Marienfigur gefunden. Und vieles andere mehr." „Aber wie soll das denn gehen, die Katzensprache erlernen?" fragte Felix interessiert. „Oma hat mir das beigebracht. Alles hängt mit der Wahrnehmung und Beobachtung der Katzen zusammen. Sie verständigen sich über die Augen und mit verschiedenen Lauten. Und besonders die Katzenkinder waren echt süß. Ich habe es sogar geschafft, sie zu streicheln." „Das würde ich auch gerne lernen. „Ich habe mir bisher nie darüber Gedanken gemacht, dass auch Katzen oder andere Tiere sich verständigen können. Und wie war das mit der alten Hütte und der Marienfigur?" Und Tobias erzählte von dem alten verstorbenen

Mann und seinen Erlebnissen rund um die Hütte. Und natürlich auch von seinen zwei Träumen. Felix war begeistert. „Kann ich denn auch lernen, mich an meine Träume zu erinnern? Vielleicht finde ich dann ja auch einen Schatz." Tobias gab natürlich den Ratschlag weiter, ein Traumbuch zu führen. Er war sich jedoch etwas unsicher, Felix auch von Maria zu erzählen. Seine weise Lehrerin hatte ihm geraten, bei einer Unsicherheit jederzeit auf sein Herz zu hören, dann würde er in allen Situationen das Richtige finden und tun. Und so war es auch für ihn in Ordnung, ein Geheimnis für sich selbst zu behalten. Felix war unheimlich neugierig. „Wo ist denn jetzt diese Figur?" „Bei mir zu Hause." „Können wir nicht sofort aufbrechen, ich möchte sie so gerne sehen." „Aber Felix, wir sind doch gerade erst hier im Botanischen Garten angekommen. Ich würde mir viel lieber erst einmal mit dir die Orchideen anschauen." „Das können wir gerne, nur möchte ich dann heute auch noch die Figur sehen." ‚Felix konnte schon recht nervig sein', dachte er. Nun gingen die beiden Freunde ins Orchideenhaus und betrachteten die vielen verschiedenen Blüten, die aus einer anderen Welt zu kommen schienen. Nach einer guten Stunde hatten die beiden ihre Beobachtungen beendet und fuhren auf ihren Fahrrädern zu Tobias Wohnung.

Felix hatte Tobias vor einer halben Stunde recht nachdenklich verlassen. So eine Geschichte hatte er noch nie gehört. Und auch noch der Traum, der den Weg zum Schlüssel der Hütte gewiesen hatte. Dann diese wunderschöne Marienfigur, die noch rechtzeitig aus der zerstörten Hütte gerettet werden konnte. Das alles war schon recht abenteuerlich.

Gegen 19:00 Uhr saß Tobias wieder in seinem Zimmer. Er setzte sich auf seinen Stuhl, achtete besonders auf seinen gerade aufgerichteten Rücken, legte seine Hände geöffnet auf den Oberschenkeln ab und schloss die Augen. Nach den von Maria erhaltenen Anweisungen führte er die Stilleübung durch. Und im Herzen angekommen, stellte er Maria seine Frage nach der für die Menschen so scheinbar wichtigen beruflichen Karriere. „Ich weiß, Tobias, dass dich noch eine andere Frage beschäftigt. Du wirst zu einem späteren Zeitpunkt mehr dazu erfahren. Habe noch etwas Geduld. Du hast schon richtig erkannt, dass viele Menschen ihre Karriere vor ihre Familie stellen. Das ist aber nicht das Ziel des Lebens. Jeder Mensch wird mit verschiedenen Begabungen und Interessen geboren. Richtig gelebt, wird er dann einen Beruf ergreifen in dem er seine Berufung sieht. Nur ist es aus unserer Sicht nicht erwünscht, dass er dann seinen Beruf sowie seine Tätigkeit als alleinigen Lebensinhalt sieht und lebt. Nun hat aber auch der Vater von deinem Mitschüler einen freien Willen, so zu handeln und zu leben. Nur wird er das wirkliche Glück und die Zufriedenheit nicht finden können. Seine Lebenseinstellung ist, wenn du so willst, ein Ersatz dafür, dass ihm irgendetwas fehlt, er aber auch nicht weiß, was ihm fehlt. Viele Menschen begeben sich auf diesen Irrweg. Oftmals ist es so, dass sie das Leben als einmalig und als Zufall der Schöpfung ansehen und sich nicht mit dem wirklichen Sinn des Lebens und ihrer Person beschäftigen. Und die Menschen auf diesem Planeten finden noch allerlei andere Dinge als Ersatz auf der Suche nach dem wirklichen Glück. Da ist es ein besonderes Auto, ein Schiff, ein Haus, besonders teure Kleidung, teure Reisen, oder sonst etwas, was scheinbar ihr Leben aufwertet. Und sie sind oft noch der Meinung, von ihren Bekannten und Verwandten, Nachbarn oder anderen Menschen mehr beachtet und beneidet zu werden. Wünschenswert wäre es aus unserer Sicht, dass jeder Mensch sich so wie du, mit seinen menschlichen Fähigkeiten beschäftigt, seinen Beruf nach seinen Veranlagungen und Interessen aussucht und neben seiner täglichen Arbeit auch wirklich lebt. Also sich mit den Schönheiten und Besonderheiten seines Lebens und Erlebens auf dieser Welt beschäftigt." „Also, wenn ich nun ein

Hobby habe, mich mit fremden Ländern zu beschäftigen und Bücher dazu zu lesen, ist das in Ordnung?" „Ja, das ist sicherlich eine prima Sache. Beim Lesen kannst du sehr viel erfahren. Versuche immer neugierig zu sein, dir Meinungen und Aussagen zu einem Thema anzuhören, aber bilde dir dann immer eine eigene Meinung. Höre einfach auf dein Herz, dann wirst du immer wieder neue Impulse bekommen und zusätzlich erfährst du auch etwas über deine Begabungen und Interessensgebiete. Ein regelrechtes Vorbild für viele Interessen und die Entdeckung seiner Begabungen war der deutsche Dichter, Forscher und Schriftsteller Johann Wolfgang von Goethe, der bis zum Jahr 1832 gelebt hat. Er hat in seinem Leben immer wieder neue Beschäftigungsfelder gesucht und gefunden. Wenn du Lust hast, kannst du dich ja mal mit ihm und seinem Leben beschäftigen. Und keine Angst, du musst keine Gedichte auswendig lernen. Viel wichtiger wird für dich sein, herauszufinden wie er gelebt hat und was er mit seinen Erkenntnissen und Worten der Nachwelt hinterlassen hat. So Tobias, für heute soll es erst einmal alles zu diesem Thema sein. Lass die Worte von mir erst einmal auf dich wirken und bewege sie in dir. Ich bin sicher, dass dir noch die eine oder andere Frage einfallen wird."

‚Das ist schon alles recht interessant, was mir Maria erzählt hat', dachte Tobias. ‚Aber wenn das so ist, dass die Menschen sich auf der Suche nach dem Glück oder nach der Zufriedenheit befinden, warum wissen sie das denn selbst nicht? Warum sind die Menschen denn so geworden? Hat denn die Markenkleidung von Dennis auch damit zu tun? Und warum gibt es das arrogante Verhalten von Dennis gegenüber mir, meinem Freund Felix und anderen Mitschülern?' Das waren die weiteren Fragen, die er sich an diesem Abend überlegt hatte. Gleich morgen wollte er nach der bewährten Methode wieder Kontakt zu Maria aufnehmen.

Felix ist neugierig

Als Tobias am nächsten Tag in der Schule eingetroffen und auf dem Weg in sein Klassenzimmer war, kam ihm Felix entgegen. Er war immer noch recht aufgeregt und zum anderen auch nachdenklich. „Du, glaubst du es wäre möglich, mit dir in den Herbstferien auf dem Bauernhof von deiner Oma Ferien zu machen?" „Hm, ich denke schon, nur muss ich meine Mutter und Oma noch fragen. Sind denn deine Eltern damit einverstanden?" „Das weiß ich noch nicht. Mir kam nur so der Gedanke. Denn so viel wie du in deinen Ferien erlebt hast, kann das dort ja nur toll werden. Und vielleicht habe ich dort ja auch solche Träume." „Aber Felix, Träume zu haben ist doch nicht abhängig von einem bestimmten Ort. Sonst könnten ja alle Menschen nur auf dem Bauernhof bei meiner Oma Träume haben." „Da magst du ja Recht haben, nur vielleicht ist es aber auch ein ganz besonderer Ort." „Der Bauernhof ist schon eine besondere Welt, nur gibt es im Wald noch viele weitere besondere Orte." „Wie meinst du das?" „Na, dass man auch im Wald und auf der Wiese viele Dinge erleben kann." „Was, meinst du denn mit vielen Dingen?" Aber bevor Tobias antworten konnte begann der Unterricht.

Als die Pausenklingel ertönte war Felix sofort wieder bei seinem Freund. Neugierig fragte er: „Also, wie hast du das denn gemeint, mit den vielen Dingen die man im Wald und auf der Wiese erleben kann?" „Ich habe festgestellt, dass man durch Achtsamkeit gegenüber der Natur seine Wahrnehmung stärkt und somit besondere Erfahrungen macht." „Du sprichst in Rätseln. Was wäre denn ein Beispiel für eine besondere Erfahrung?" „Du sitzt auf einem Baumstamm, schließt die Augen und hörst viele Vogelstimmen, das Surren von Insekten und noch viele andere Geräusche im Wald. Und irgendwann verschwinden all diese Geräusche und du fühlst dich nur noch leicht, als ob du deinen Körper für einen kurzen Zeitraum vergessen hast." „Tobias du spinnst? Wie soll so was denn funktionieren?" „So wie ich dir das beschrieben habe. Du musst natürlich noch eine bestimmte Haltung einnehmen, und dann eine Zeit lang üben. Wenn ich das geschafft habe, dann kannst du das auch erleben." Nun war Felix in seiner Neugierde erst einmal besänftigt, jedoch wurde er immer nachdenklicher. Und irgendwie kam ihm sein Freund sogar etwas unheimlich vor. Ihm war klar, dass ihm nur ein Urlaub mit Tobias in den nächsten Herbstferien Klarheit bringen würde. Er musste unbedingt auf den Bauernhof. Ob es da wohl spukte? Felix hatte schon mal etwas von Geistern gehört. Aber wie auch immer, er wollte den rätselhaften Angaben von seinem Freund auf den Grund gehen.

Das arrogante Verhalten

Gegen Abend war Tobias wieder in seinem Zimmer. Er nahm die Sitzhaltung ein, machte seine Übung und nahm so wieder Kontakt zu Maria auf. „Tobias, dir sind ja noch einige Fragen eingefallen. Ich bin heute etwas in Eile, darum werde ich gleich mit der Beantwortung anfangen, ohne dass du sie noch einmal stellen musst. Zu deiner Frage nach dem Glück und der Zufriedenheit. Die Menschen haben ihren Ursprung und somit ihre Herkunft vergessen. Unabhängig, ob sie einer Religion angehören oder auch nicht, ist das materielle Leben auf dem Planeten Erde in den Vordergrund gerückt. Das führt nun dazu, dass die sichtbaren Dinge auf dieser Welt eine zunehmend größere Rolle und Bedeutung spielen. Sie geben dem Menschen scheinbar Sicherheit und eine größere Beachtung, etwas zu besitzen, das andere auch sehen können oder einen besonderen Wert auf ihrem Bankkonto. Die Menschen sehen darin die

Erhöhung ihres Selbstwertes. Das trifft auch auf besondere Kleidung und andere Dinge zu, wie zum Beispiel bei deinem Mitschüler Dennis. Nun ist diesem kleinen Jungen kein so großer Vorwurf zu machen, er orientiert sich vielmehr an seiner Mutter und seinem Vater. Also, wenn die Eltern bereits ein Fehlverhalten vorleben, ist es für die Kinder immer schwierig, sich dem zu entziehen und einen anderen Weg zu suchen. Und gehen die Kinder ihren eigenen Weg, kommt es dann oft auch zu Konflikten mit den Eltern. Je mehr Eltern und Menschen solche Lebensansichten haben und leben, umso mehr werden auch die zukünftigen Erwachsenen diese Welt in der falschen Weise beeinflussen." „Aber gibt es denn nicht auch sehr viele gläubige Menschen auf dieser Welt, die dieses Verhalten nicht haben?" „Was bezeichnest du denn als gläubig, Tobias?" „Na Menschen, die in die Kirchen gehen." „Aber indem ein Gotteshaus besucht wird, ist der Mensch noch nicht wirklich gläubig. Dazu gehört auch, sich mit sich selbst und seinem Ursprung zu beschäftigen, sich und sein Verhalten selbst zu reflektieren und sich persönlich mit der Frage nach seinem eigenen Sinn des Lebens zu beschäftigen. Auch die wirkliche Suche nach Möglichkeiten der Kontaktaufnahme mit ihrem Ursprung wäre anzuraten. Ein Glaube, der nur oberflächlich gelebt wird, wird nie zum Wissen führen. Gläubige gibt es auf der Erde viele, nur wirklich Wissende gibt es leider wenige. Keiner der Menschen auf der Erde sollte arrogant sein. Dafür gibt es auch keinen Grund. Oftmals triffst du auf Menschen, die etwas Bestimmtes sehr gut können. Also zum Beispiel, gut Klavier spielen oder gut in einer Sportart sind, oder die eine schwierige Prüfung mit guten Noten bestanden haben. Du kannst aber auch sicher sein, dass Menschen die etwas gut können, auf der anderen Seite etwas nicht so gut können. Das kann zum Beispiel sein, nicht Geige spielen zu können oder sportlich nicht besonders begabt zu sein. Oder in handwerklichen Angelegenheiten eher unvermögend zu sein. Eine Begabung, die du lebst, sollte nie dazu führen, sich gegenüber anderen Menschen als wertvoller und stärker zu fühlen. Alle Begabungen der Menschen sind sozusagen Grundausstattungen für das Leben, die vor der Geburt bereits festgelegt wurden, damit der Einzelne bestimmte Erfahrungen auf der Erde machen kann. Nun gibt es aber auch Menschen, die auf Grund ihres Besitzes von einem neuen Fernseher, Computer, Computerspiel, Handy, Kleidung und vielem mehr, ihren Selbstwert erhöhen wollen. Auch das kann zur Arroganz führen. Sie wollen dadurch Bewunderung und mehr Beachtung bekommen. Ein arroganter Mensch wird immer Menschen brauchen, die ihn bewundern und verehren. Also wird er sein ganzes Leben auf der Suche nach dieser Anerkennung sein. Das gilt auch für berühmte Schauspieler oder Sportler, sobald diese nicht mehr im Rampenlicht stehen, bekommen sie so ihre Schwierigkeiten. In der Welt, die du kennst, werden bestimmte Leistungen als sehr großartig und wertvoll angesehen. Besonders wenn jemand aus menschlicher Sicht beruflich oder sportlich sehr erfolgreich ist. Aber das alles ist nur eine aufgebaute Scheinwelt, eine Welt aus Gedanken und Vorstellungen. Aus unserer Sicht ist das völlig überflüssig. Für uns in der geistigen Welt zählen nur wirkliche Werte. Denn ein materieller Gegenstand, mag er noch so schön sein, oder eine besondere sportliche Leistung noch so großartig, wird für uns nie einen wirklichen Wert haben. Die Dinge der Welt sind als Spielsachen für die Menschen erdacht worden, und das sollten diese auch bleiben. So, und nun musst du mich für heute entschuldigen. Ich habe es heute etwas eilig. Wünsche dir noch einen schönen Abend und bewege meine Worte wieder in dir."

Tobias nahm sein Büchlein aus seiner Schreibtischschublade hervor. Was sollte er nun eintragen? Also: dass die Menschen ihren Ursprung und Gott vergessen haben, somit auf der Suche nach dem Glück sind und dadurch die materielle Werte einen großen Einfluss auf das Leben genommen haben. Und auch die Arroganz der Menschen hatte dort ihre Ausgangsbasis. Aber was war denn nun das Glück oder die Zufriedenheit? Sind beides nicht nur Empfindungen? Und warum sollten Menschen danach suchen? Irgendwie war ihm das noch nicht klargeworden. Und auch, welche Werte sind nun wirklich wichtig im Leben? Und warum war Maria heute in Eile gewesen? Gab es für sie denn auch noch andere Aufgaben oder Tätigkeiten? Nun hatte Tobias wohl viel erfahren, aber es waren wieder drei weitere Fragen aufgetaucht. ‚Sollte das denn nie ein Ende haben?', fragte er sich. ‚Je mehr ich weiß, umso mehr Fragen stellen sich dann hinterher. Es war schon sehr interessant, so viele Dinge über das Leben und das Verhalten der Menschen auf der Erde zu erfahren. War es denn für ihn möglich, irgendwann alles zu wissen und keine Fragen mehr zu haben?'

Am Vormittag des nächsten Tages hatte er in seiner Schulbibliothek ein Buch über das Leben von Johann Wolfgang von Goethe gefunden. Gespannt schlug er es nach der Schule in seinem Zimmer auf. Was hatte es mit diesem Mann wohl auf sich? Als er wieder auf die Uhr schaute hatte er bereits zwei Stunden gelesen. Es war sehr interessant, über einen Menschen zu lesen, der so viele Interessen und Begabungen gehabt hatte, und dazu noch in einem ganz anderen Jahrhundert. Für heute sollte es ihm erst einmal reichen, denn langsam verspürte er etwas Hunger. Ob es wohl gleich Abendbrot geben sollte? Und richtig, seine Mutter hatte bereits den Tisch gedeckt und rief nach ihm.

Glück und Zufriedenheit

Am Abend sollte Tobias weiteres über das Leben erfahren. „Ich habe schon bemerkt, dass du noch einige Fragen zu unseren letzten Themen hast." „Ja Maria, könntest du mir bitte das mit dem Glück

und mit der Suche nach der Zufriedenheit noch mal erklären?"
„Was wäre denn für dich Glück?" „Natürlich einen Vater zu haben." „Und wenn du einen Vater auf der Erde hättest, was wäre
dann für dich Glück?" „Eine Familie zu haben." „Und was wäre dir
im Familienleben so wichtig, dass du dich glücklich und zufrieden
fühlen würdest?" „Mit meinen Eltern zu leben, mich aufgehoben
und geschützt zu fühlen und natürlich auch geliebt zu werden." „Du
weißt also bereits, was ich mit Glück und Zufriedenheit gemeint
habe. Alles das, was du beschrieben hast, ist jederzeit für alle Menschen vorhanden. Die Menschen suchen förmlich danach, würden
sie im Inneren suchen, würden sie auch fündig werden. Doch
dadurch, dass die Menschen ihren wirklichen Ursprung vergessen
haben, suchen sie aus diesem Grund nach einem materiellen Aus-
gleich, und nach irgendeiner Form, ihren Selbstwert zu erhöhen.
Und das erzeugt die vielen Probleme auf der Welt unter den Menschen. Wenn allen Menschen bewusst wäre, wie einmalig sie sind,
und wie wertvoll ihr Leben auf diesem Planeten ist, dann gäbe es
überhaupt keinen besseren oder schlechteren Menschen. Und somit
ist Arroganz gegenüber anderen völlig dumm und überflüssig. Die
Ausgangsbasis aller Familien in den Welten, und das gilt auch für die
Erde, ist nun mal der Ursprung. Und dieser Ursprung ist reine Liebe. Das ist sicherlich zurzeit noch etwas schwierig für dich nachzu-
vollziehen. Warte ab Tobias, wenn du in deinen Erkenntnissen und
deinem Wissen weiter fortgeschritten bist, wirst du diese Liebe auch
wahrnehmen können. Und das gilt für alle Menschen die, sich auf
den Weg begeben." „Aber wie habe ich mir denn diesen Ursprung
vorzustellen?" „Es ist, wenn du so willst, Vater und Mutter in einem
und besteht wie ich dir beschrieben habe, aus reiner Liebe. Es ist
der Ursprung aller Menschen auf der Erde, egal welchem Land oder
welcher Religion der Einzelne angehört." „Dann sind somit alle
Menschen auf der Erde miteinander verwandt." „Richtig, die Menschen sind alle Brüder und Schwestern. Wenn das allen bewusst

wäre, dann würden keine Kriege mehr stattfinden und alle würden sich gleichermaßen für eine lebenswerte und klimafreundliche Erde einsetzen."

„Sag mal, Maria, wird es denn einen Zeitpunkt in meinem Leben geben, an dem ich keine Fragen mehr habe, also alles weiß über mich, die Menschen und diese Welt?" „Eine gute Frage. Zum einen hängt dein Wissen von dir selbst ab, also deine Entscheidung, in einem bestimmten Gebiet immer mehr wissen und erfahren zu wollen. Zum zweiten hängt dein Wissen von selbst gemachten Erfahrungen ab und den für dich daraus resultierenden Erkenntnissen. Dein Wissen über dich, über deine geistige Heimat und das der Welt bestimmt dein Bewusstsein. Somit steht dein Wissen immer in einer Wechselwirkung zu deinem Bewusstsein. Anders ausgedrückt, solange du auf dieser Welt bist, und dich mit deinem Leben und dem Leben auf dieser Erde beschäftigst, wirst du immer weiter Fragen haben. Ein Mensch der keine Fragen mehr hat, hat aufgehört auf der Erde zu leben. So, und nun bewege erst einmal die Worte in dir, die ich dir gerade erzählt habe. Die nächsten Fragen von dir werde ich erst in ein paar Tagen, am nächsten Montag beantworten. In der Zwischenzeit übe die Stilleübung. Du solltest bei Bedarf auch Fragen in deinem Herzen stellen, ohne dich an mich direkt zu wenden." „Und was machst du in der Zwischenzeit?" „Du bist ein Mensch-besser gesagt ein Jugendlicher, und es gibt nun noch viele weitere Jugendliche auf der Welt." „Aber wie willst du es denn schaffen, alle anzusprechen?" „Es gibt nicht nur den Einzelunterricht, möglich ist auch ein Gruppenunterricht." „Und wie soll das gehen?" fragte Tobias. „Denke zum Beispiel mal an den Schlaf. Könntest du dir vorstellen, dass auch eine Schulung im Schlaf möglich wäre?" „Darüber habe ich noch nicht nachgedacht. Jedenfalls kann ich mich nicht erinnern, was ich im Schlaf mache? Höchstens mal an meine Träume." „Ich kann dir versichern, Tobias, dass nur dein Körper schläft, dein Bewusstsein ist jedenfalls hellwach. Auch wenn du dir dessen, wie die meisten Menschen, nicht bewusst bist." „Dann könnte ich im Schlaf auch lernen?" „Ja, natürlich." „Und gibt es denn auch Hausaufgaben?" „In einem gewissen Sinn schon, aber schriftliche Hausaufgaben ist nur die Ausnahme. Der Schreiber dieses Buches hat diese Hausaufgabe zum Beispiel von mir bekommen. Meist geht es um Erfahrungen und Kenntnisse, die im Leben gelernt werden sollen." „Ist denn das Leben dann eine große Schule?" „Ja, denn es gibt als Mensch mit einem materiellen Körper viele Möglichkeiten des Lernens. Im geistigen Zustand mit einem energetischen Körper, wären die Erfahrungen anderer Art. Aber darüber musst du dir keine Gedanken machen. Kümmere dich am besten um deinen jetzigen Zustand als Mensch auf der Erde." „Maria, hättest du vielleicht auch einen kurzen Satz für mich, was Glück und Zufriedenheit bedeuten? Diesen möchte ich gerne in mein Büchlein eintragen." „Glück und Zufriedenheit ist das Empfinden und das bewusste Sein, ein Leben zu haben und dazu das Wissen, ein geistiges Wesen aus der Unendlichkeit zu sein." Und damit endete für heute und für die nächsten Tage der Unterricht für Tobias.

Nun war es erst Mittwoch und er sollte und konnte erst am nächsten Montag seine Fragen von Maria beantwortet bekommen. Am besten schreibe ich mir die Fragen erst einmal auf. Er überlegte, waren noch Fragen unbeantwortet? Ja, noch einige: Es war die Frage, warum er ohne Vater aufwachsen musste und die nach den Werten im Leben.

In den Folgetagen machte Tobias täglich seine Stilleübungen. Und auch am Samstag, obwohl er kaum Zeit hatte, da er mit seiner Mutter einkaufen war, sein Zimmer aufgeräumt und Staub gewischt hatte, fand er noch zwanzig Minuten, um zur Ruhe zu kommen. Erlebnisse hatte er während der Stilleübung nicht, weder heute noch an anderen Tagen. Er fühlte sich danach immer etwas freier und klarer. Und doch war irgendetwas in ihm anders geworden, aber das war mit Worten nicht zu beschreiben. Am Abend hatte er sich mit Felix zum Kino verabredet. Seine Mutter war bereits den gesamten Tag etwas traurig gewesen. Er hatte das schon morgens festgestellt, jedoch wusste er nicht warum. Darum fragte Tobias: „Sag mal, ich glaube du bist etwas traurig heute. Liegt das an mir?" „Nein, an dir liegt es nicht. Ich war gestern in meiner Firma bei unserem Geschäftsführer zu einem Gespräch eingeladen. Er hat mir mitgeteilt, dass er mit meiner Arbeit sehr zufrieden ist, aber dass ich meine Arbeitsstelle verliere, weil das Unternehmen so wenig Umsatz erzielt. Ich werde wohl am Montag meine Kündigung bekommen. Und darum bin ich etwas traurig. Denn mir hat meine Arbeit bisher immer Spaß gemacht." „Verliert denn dann der Geschäftsführer auch seinen Arbeitsplatz?" „Soweit ich weiß bleibt er Geschäftsführer. Es werden insgesamt drei Mitarbeiter entlassen, und Mitte des Jahres dann nochmals drei." „Das ist aber komisch." Schuld daran, dass der Umsatz zurückgeht, sind doch nicht die Mitarbeiter, sondern der Chef." „Genau genommen werden nur die Mitarbeiter aus dem Innendienst entlassen. Das Verkaufspersonal bleibt auch weiterhin." „Aber ist so etwas klug?" „Das weiß ich auch nicht. Komisch ist das aber schon. Der Geschäftsführer hat nun mal das Sagen, ob er gute oder falsche Entscheidungen trifft, er trifft sie." „Und wann könnte denn so ein Chef entlassen werden?" „Nur wenn der Eigentümer der Firma diesen loswerden wollte." „Dann solltest du am besten Chefin werden, dann kann dir ja kaum noch etwas passieren." „Ganz so einfach ist das aber auch nicht", lachte seine Mutter. „Auf alle Fälle muss ich mir eine neue Arbeit suchen."

Felix hatte nach wie vor den Wunsch mit seinem Freund gemeinsam die Herbstferien zu verbringen. Natürlich um den rätselhaften Worten und Erlebnissen auf die Spur zu kommen. Und da kam der Kinobesuch gerade recht, um ihn auf einen gemeinsamen Urlaub anzusprechen. Als sie vor der Kinokasse in einer langen Warteschlange standen, kam Felix zur Sache. „Sag mal, glaubst du es ist möglich, dass wir beide bei deiner Oma in den Herbstferien auf dem Bauernhof Urlaub machen?" „Ja, klar. Ich muss Oma noch fragen, aber ich denke sie wird nichts dagegen haben." Und so erkundigte sich Tobias telefonisch gleich am nächsten Morgen bei seiner Oma und Felix bei seinen Eltern. Und wie es auch zu erwarten war, freute sich Oma Hilde über den zusätzlichen Feriengast. Fröhlich ging Tobias in die Schule. Auch Felix hatte natürlich das Einverständnis von seinen Eltern bekommen. ‚Das wird eine super Ferienwoche für uns beide', dachten sich die beiden. Doch es sollte anders kommen.

Und so kam es, dass am folgenden Montag seine Mutter ihre Arbeitsstelle verlor. Sie sollte in drei Monaten das Unternehmen verlassen. Solange dauerte ihre Kündigungsfrist. Die Firmenleitung wollte sie gerne auch früher gehen lassen, wenn sie eine neue Anstellung finden würde. Jedenfalls war sie sehr beunruhigt, denn nach dem Unfalltod ihres Mannes musste sie den Lebensunterhalt für sich und ihren Sohn alleine verdienen.

Am Abend war es wieder für Tobias möglich, seine Fragen an Maria direkt zu stellen. „Warum hattest du es in der letzten Woche denn so eilig, Maria?" „Weißt du, es gibt zurzeit sehr viele Aufgaben, denn die Welten stehen vor großen Veränderungen. Das gilt auch für den Planeten Erde und natürlich auch für seine Bewohner." „Und aus diesem Grund hattest du auch keine Zeit für mich?" „Zumindest nicht, um dir Fragen zu beantworten." „Bist du denn trotzdem bei mir gewesen?" „Natürlich, es gibt das Band der Liebe, das erst einmal das Leben der Menschen ermöglicht. Und das alle Menschen, die es wollen, auch stärker mit dem Ursprung verbindet." „Und bist du denn dieser Ursprung?" „Nein, ich bin ein Teil dessen, wenn du so willst eine Tochter. Und auch zwischen uns besteht ein Band der Liebe. Zusätzlich solltest du auch in den letzten Tagen lernen, Fragen in deinem Herzen zu stellen, ohne dass ich dir diese beantworte und dir direkt zur Verfügung stehe. Denn das macht dich selbständiger, Entscheidungen zu treffen, ohne dass du mich direkt fragen musst." „Das habe ich aber gar nicht ausprobiert. Wer beantwortet denn meine Fragen, wenn nicht du?" „Eine gute und berechtigte Frage. Die Antwort findest du in dir und in dem, was ich dir bisher erzählt habe." „Das verstehe ich aber nicht? Du sprichst in Rätseln." „Vor kurzem hat das auch dein Freund Felix zu dir gesagt. Erinnerst du dich?" „Ja, schon aber…" „Nun warte erst einmal ab, einige Dinge sind nun mal über den menschlichen Verstand nicht gleich zu verstehen. Das geht deinem Freund Felix ebenso wie dir. Bewege die Worte in dir, die ich dir gesagt habe und schreibe sie am besten in deinem Büchlein auf. Für heute machen wir Schluss, auch wenn du noch weitere Fragen hast. Morgen Abend erfährst du mehr." Tobias beschäftigte die Frage schon sehr, wer denn seine Fragen beantwortete, wenn Maria nicht zur Verfügung stand. Gab es denn neben Maria noch andere geistige Wesen, die diese Möglichkeit hatten. Darauf sollte er in Kürze eine Antwort bekommen.

Die Bewerbung

Bereits am Dienstag um 06:30 Uhr hatte Oma Hilde angerufen. Sie war ganz aufgeregt gewesen, denn im Nachbardorf sollte in einem Sägewerk eine Bürostelle frei werden. Tobias Mutter war sich noch nicht sicher, ob sie sich auf diese Stelle bewerben sollte. Am Frühstückstisch erzählte sie ihm davon. „Es gibt in der Nähe von Oma eine Bürostelle, auf die ich mich bewerben könnte. Könntest du dir denn vorstellen, hier aus Fröhlichstadt wegzuziehen und mit mir auf

Omas Bauernhof zu wohnen?" Er war geschockt. Diese Gedanken hatte er bisher nur gehabt, wenn er am letzten Urlaubstag wieder nach Fröhlichstadt fahren musste, und am liebsten bei Oma Hilde geblieben wäre. „Mir gefällt es bei Oma schon sehr, aber was ist mit meinen Freunden. Und Felix sehe ich dann wahrscheinlich nur noch selten. Und in eine neue Klasse müsste ich dann auch noch gehen. Ich kenne da doch keinen." „Lass uns am besten heute Abend nochmals darüber sprechen. Noch ist nichts entschieden." Und so machte sich Tobias auf den Weg zur Schule. Er war recht aufgeregt, denn wenn seine Mutter wirklich diese Arbeitsstelle bekommen sollte, dann konnte er nicht mehr in Fröhlichstadt wohnen bleiben. Sein gesamtes Leben wäre somit auf den Kopf gestellt. Was Maria dazu wohl sagen würde? Heute Abend wollte er sie mal darauf ansprechen.

Seine Mutter hatte den Abendbrottisch gedeckt und Tobias erschien pünktlich. „Wie war es heute in der Schule?" „Wie immer, sehr anstrengend und dann gab es auch noch viele Hausaufgaben. Heute Nachmittag habe ich bereits einiges davon erledigt. Der Rest hat bis morgen noch Zeit. Sag mal, Mutti, wie ist das denn mit dieser Arbeitsstelle?" „Also in dem Sägewerk, zu dem alle Waldbauern aus der Umgebung von Oma ihre Baumstämme liefern, wird die Bürostelle zum übernächsten Monat frei. Mit meinen Erfahrungen und Kenntnissen wäre es durchaus möglich, dort zu arbeiten. Sollte ich die Stelle bekommen, dann könnten wir bei Oma wohnen und hätten auch mehr Geld zur Verfügung. Denn die Miete in Fröhlichstadt fällt nicht mehr an. Zusätzlich könnten wir in einer wunderschönen Gegend leben und hätten den Wald und die Wiesen quasi vor der Haustür. Und ehrlich, ich habe auch etwas Angst, keine neue Stelle hier in Fröhlichstadt zu finden." Tobias verstand seine Mutter schon, nur war er ja hier geboren und wollte auch seine ihm bekannte Umgebung nicht verlassen. „Ich weiß nicht so recht, ich habe auch Angst, wenn ich daran denke, in eine ganz neue Schule zu gehen und auch keine Freunde zu haben." „Du findest sicherlich auch dort neue Freunde. Und der Schulweg wäre zehn Minuten weiter als jetzt und du könnest mit dem Fahrrad fahren." „Trotzdem passt mir das alles nicht." „Ein Vorschlag! Ob ich überhaupt die Arbeitsstelle bekomme, ist zum jetzigen Zeitpunkt auch noch nicht sicher. Ich werde mich bewerben, und sollte ich wirklich die Stelle bekommen können, sprechen wir nochmals darüber." Tobias war einverstanden, denn er hatte somit erst einmal Zeit gewonnen. Außerdem sollte man sich ja nicht über ungelegte Eier bereits Gedanken machen. Es konnte ja auch alles ganz anders kommen. So hoffte er natürlich, dass seine Mutter nicht den gewünschten Erfolg bei ihrer Bewerbung haben sollte.

Am Abend machte er seine Übung und sprach Maria auf das Vorhaben seiner Mutter an. „Du bist sehr aufgeregt Tobias, werde erst einmal ruhig. Achte auf deinen Atem. Nur wenn du ganz ruhig atmest, bist du auch wirklich aufnahmefähig." Nach einigen Minuten war der Atem von Tobias ganz ruhig. Er begann: „Mich beunruhigt, dass meine Mutter aus Fröhlichstadt wegziehen will, wenn sie eine neue Arbeitsstelle in der Nähe von Oma Hilde bekommt." „Ich weiß. Deine Angst besteht vor dem Ungewissen, denn wenn du wüsstest, dass du dort auch Freunde und freundliche sowie hilfsbereite Klassenkameraden findest, dann wärst du sicherlich offener für einen Ortswechsel. Und gleichzeitig bedeutet es auch für dich einen Lebenswechsel und die Möglichkeit, viele neue Erfahrungen zu sammeln, die in Fröhlichstadt nicht möglich wären." „Aber ich habe doch hier meine Freunde." „Ich will dich gar nicht überreden. Du weißt, dass die Menschen einen freien Willen haben und somit gibt es für dich und deine Mutter die beiden Entscheidungsmöglichkeiten. Aus meiner Sicht würde ich dir zu einem Umzug raten, nur musst du, müsst ihr beiden selbst entscheiden. Es ist auch erst einmal richtig, abzuwarten, ob die Bewerbung deiner Mutter überhaupt Erfolg hat. Mit solchen Entscheidungen haben die meisten Menschen so ihre Probleme. Denke immer daran, dass das Leben auch Entwicklung sein sollte und die Schönheiten und Erfahrungen des Lebens nicht immer am Geburtsort erfahrbar sind. Eine Weisheit für dich und die Leser lautet deshalb: Da wo die Angst ist, ist der Weg. Also die Angst gilt es zu überwinden." Tobias fand den Gedanken, Fröhlichstadt zu verlassen, einfach abscheulich. Er hatte auch keine Lust mehr, weiter darüber zu sprechen. „Ich merke, wir sollten für heute Schluss machen. Bewege meine Worte in dir und dann wünsche ich dir eine gute Nacht." „Danke Maria, und auch dir eine gute Nacht." Tobias legte sich in sein Bett und in seinen Gedanken sah er schon den Umzugswagen. Darauf schlief er fest ein. Seine Mutter schrieb noch an diesen Abend ihre Bewerbung. Sie war schon erfreut über diese Möglichkeit, eine neue Arbeitsstelle finden zu können. Jedoch machte sie sich auch etwas Sorgen um ihren Sohn. Jedenfalls brachte sie ihre Bewerbung am gleichen Abend noch zum Briefkasten, obwohl dieser erst am nächsten Tag um 09:00 Uhr geleert werden sollte.

Auch Felix hatte schon bemerkt, dass mit seinem Freund irgendetwas nicht stimmte. Also sprach er ihn gleich am nächsten Morgen vor der Schule darauf an. „Sag mal, du bist so nachdenklich seit gestern. Beschäftigt dich etwas?" „Ja, meine Mutter hat die Kündigung bekommen und sich bereits neu beworben." „Und nun hast du Angst, dass sie die Stelle nicht bekommt?" „Davor habe ich keine Angst. Nur würde es bedeuten, dass sie bei einer erfolgreichen Bewerbung aus Fröhlichstadt wegziehen will und muss. Und das gilt dann auch für mich." Felix war sprachlos. „Aber wir wollten doch in den Herbstferien gemeinsam Urlaub bei deiner Oma machen." „Das wird sicherlich auch klappen. Ich hoffe, sie bekommt die neue Stelle nicht und wir können gemeinsam hier wohnen bleiben. Bei

Oma auf dem Bauernhof ist es wohl super, aber hier habe ich dich und meine anderen Freunde. Und wenn ich daran denke, dass ich die Schule wechseln muss, wird mir ganz übel." Felix war entsetzt. Sollte ihre Freundschaft durch einen Umzug ein Ende finden? „Wenn man doch nur in die Zukunft sehen könnte", meinte Felix. „Du hast doch damals auch von der Hütte geträumt und gesehen was geschehen sollte. Könntest du das nicht wieder?" „Aber wie soll das denn gehen? Träume kann man doch nicht beeinflussen." Und so waren nun die beiden Freunde gleichermaßen beunruhigt, was die Zukunft bringen sollte.

Durch die Beschäftigung mit einem eventuellen Umzug hatte Tobias ganz vergessen, seine noch offenen Fragen zu stellen, die er in der letzten Woche aufgeschrieben hatte. Am Abend stellte er Maria die Frage nach den Werten im Leben. „Maria, welche Werte im Leben auf der Erde wären denn aus deiner Sicht wichtig?" „Das, solltest du auch selbst feststellen. Einige Werte hast du bereits kennengelernt. Und wenn du unseren kleinen Lehrgang bis an den Anfang zurückverfolgst, wirst du wie alle Leser, diese auch finden. Und dann gibt es noch weitere Werte zu entdecken und einige auch zu entwickeln. Du hast sicherlich schon mal etwas von Jesus von Nazareth gehört." „Ja, im Religionsunterricht und von meiner Oma." „Versetze dich doch mal so weit wie möglich in die Person Jesus. Welche Werte wird er wohl gehabt oder entwickelt haben, als er auf der Erde gelebt hat?" „Ich glaube, dass er sehr liebevoll, freundlich und hilfsbereit gegenüber allen Menschen war. Und er konnte auch heilen." „Er konnte deshalb Menschen heilen, weil er im Einklang mit dem Ursprung war. Er hat auch immer wieder erwähnt, dass nicht er heilt, sondern der, der ihn geschaffen hat. Daraus resultiert auch ein Wert." „Den Wert zu heilen?" „Nein, er hat selbst nicht geheilt. Er hat sich aber zur Verfügung gestellt mit allen seinen Veranlagungen und Möglichkeiten, die Menschen in den Ländern und

Städten, die er besucht hat, aufzuwecken. Ähnlich wie es mit dir passiert ist, als wir uns kennengelernt haben." „Müsste ich mich denn deiner Meinung nach auch als Heiler zur Verfügung stellen?" „Nein, jeder Mensch hat bestimmte Veranlagungen und kann dann entsprechend auch seinen individuellen Beruf wählen. Jesus hatte darüber hinaus aber noch einen göttlichen Auftrag. Und dieser Auftrag wurde dann zu seinem Beruf. Nicht jeder Mensch bekommt solch eine Aufgabe. In der Regel wird der eine Handwerker, der andere Schriftsteller, Arzt, Musiker oder Kaufmann. Es gibt viele Berufe und alle Tätigkeiten sind gleich wichtig für diese Welt. Aus unserer Sicht gibt es keine kleinen oder großen, schlechten oder besseren Berufe. Die Wertigkeit der Berufe in der heutigen Zeit haben sich die Menschen erdacht. Begründet wird die Wertigkeit dann mit dem Verdienst und dem Ansehen. Aber noch mal, es sind nur Gedanken und Vorstellungen, die von den Menschen erdacht wurden." Tobias überlegte. „Also würde jeder Mensch, der seinen wirklichen Beruf findet und ergreift, automatisch sein Leben zum Wohl aller Menschen einsetzen und diese Welt bestmöglich unterstützen?" „Ja. Jeder Mensch, der seinen veranlagten beruflichen Weg findet und lebt, erfüllt seine persönliche Aufgabe und trägt somit zum Heil auf dieser Welt bei. Idealer Weise folgt dann noch seine persönliche Reifung und das Erkennen seiner wirklichen Existenz." „Sag mal, warum ist das denn so schwierig gemacht worden? Das Erkennen seiner Begabungen und Veranlagungen ist doch nicht so einfach." „Das Spiel des Lebens ist nun mal so festgelegt, und die Entdeckungsreise zu sich selbst ist, wie du weißt auch ein großes Abenteuer. Und zusätzlich gibt es noch den freien Willen der Menschen. Er ist als zusätzliches Geschenk angedacht gewesen. Leider haben die Menschen aber diese Freiheit dazu benutzt, diesen Planeten Erde und seine Bewohner in Kriege zu verwickeln und die Erde zu zerstören. Darum ist es nun so wichtig, dass die jungen Erwachsenen sowie alle Leser sich dafür einsetzen, diese Dummheiten nicht weiter zu unterstützen. Und nun machen wir nochmals eine kleine Pause in unserem kleinen Lehrgang. Morgen kannst du am Abend oder auch zu jeder anderen Tageszeit, Fragen in deinem Herz stellen. Sie werden dir sicherlich auch beantwortet werden, wenn du die gelernte Haltung einnimmst, die Stilleübung durchführst oder auch in Fröhlichstadt unterwegs bist. Beachte dabei immer, wenn du unterwegs bist, dass du die Übung geistig, also in deiner Vorstellung durchführst, bis du in deinem Herzen angekommen bist. Dort stelle dann deine Frage, aber nicht an mich. Stelle Sie einfach."

Fragen im Herzen stellen

Tobias war wieder mal überrascht, dass seine Lehrerin eine kleine Lehrgangspause für ihn eingerichtet hatte. Was das wohl wieder sollte? Und würden seine Fragen beantwortet werden, und wenn ja, von wem? Nach der Schule am nächsten Tag ging er auf den Marktplatz von Fröhlichstadt. In der Mitte des Platzes stand ein großer Brunnen, wie er oft auch in anderen Städten zu finden ist. Dort setzte er sich auf den Brunnenrand. Das hatte er in der Vergangenheit bereits oft getan. Er fand es interessant, die Menschen beim Handeln und ihren Gesprächen zu beobachten. Oft konnte er an der Haltung, an der Gestik und Mimik und dem Verhalten untereinander, Rückschlüsse auf deren freundliches oder unfreundliches Wesen ziehen. Jedenfalls zum Zeitpunkt seiner Beobachtung. Sein Blick fiel auf einen wohl recht alten Mann, der mit einem Stock und sehr kleinen Schritten über den Marktplatz ging. ‚Ob wohl alle alten Menschen am Ende ihres Lebens krank werden?', dachte er. Was hatte Maria ihm geraten? Er solle in sein Herz gehen und seine Frage stellen. So optimal wie auf seinem Stuhl zu Hause saß er auf dem Brunnenrand nicht gerade. Aber er konnte ja in seiner Vorstellung die Übung durchführen und dann seine Frage im Herz stellen. Also ging er nach Marias Anweisung vor und stellte seine Frage nochmals, als er in seinem Herzen angekommen war. Die Antwort kam sofort: „Nein, nicht jeder Mensch der alt wird, bekommt auch körperliche Einschränkungen. Es ist nur die Vorstellung der oder des Menschen, dass Krankheiten oder körperliche Gebrechen zum Altwerden gehören. Aber auch der bisherige Lebenswandel des Menschen spielt dabei eine wichtige Rolle." Tobias war erstaunt. Er hatte eine Antwort auf seine Frage bekommen. Aber von wem? War er es selbst oder gab es noch einen weiteren Ratgeber neben Maria? Ob das wohl bei allen Fragen so einfach war? Etwas weiter sah er eine Marktfrau, die einer Kundin ein Bündel Radieschen verkaufte. Ob die Marktfrau wohl reich war? Er stellte seine Frage wieder im Herzen. Jedoch bekam er hierauf keine Antwort. Und so stellte Tobias noch eine ganze Reihe von Fragen zu den Menschen, die er beobachtete. Und immer, wenn er eine allgemeine Frage zum Leben stellte, bekam er eine Antwort. Scheinbar war es wohl so, dass nur seine für ihn wirklich wichtigen Fragen beantwortet wurden.

Am Folgetag setzte sich Tobias wieder auf seinen Stuhl und führte die Übung durch. Recht schnell hörte er Marias Stimme. „Und, hast du gestern herausgefunden, wer es ist, der deine Fragen beantwortet, wenn ich mal nicht zur Verfügung stehe?" „Ich weiß nicht so recht. Meine Fragen werden wohl beantwortet, aber ich könnte mir die Antworten auch einbilden." „Am Anfang ist es nicht immer einfach herauszufinden, ob du dir selbst die Antworten aus deinen Gedanken und Vorstellungen zu Recht gestaltest, oder ob du einen anderen Zugang dafür gefunden hast. Fragen zu stellen und eine bestimmte Antwort haben zu wollen, weil sie deinen Interessen dient, werden oftmals aus deinen eigenen Gedanken sein. Nun weißt du aber auch, dass ich dir angeraten habe, Fragen in deinem Herzen zu stellen. An diesem Ort bist du in gewisser Weise geschützt vor deiner eigenen Gedankenwelt." „Das verstehe ich mal wieder nicht so richtig." „In deiner Klasse gibt es eine nette Mitschülerin mit dem Namen Klara." „Ja schon, aber was ist mit ihr?" „Du würdest sie gerne zu deiner Freundin machen." „Äh, wieso kommst du denn darauf?" Er errötete leicht. „Na, weil du Interesse hast, sie mal zu treffen und weil sie dir als Freundin gefallen würde." Tobias wurde etwas unsicher. ‚Weiß Maria überhaupt alles?', dachte er. „Das muss dir nicht peinlich sein. Also wenn du nun in deinem Kopf die Frage stellst, ob Klara gut zu dir passen würde, dann weißt du auch bereits die Antwort. Die Antworten werden immer so ausfallen, wie sie dir am besten gefallen. Würdest du die gleiche Frage in deinem Herzen stellen, mir oder dem, den du noch finden musst, dann könnte auch eine andere Antwort möglich sein. Und diese Antwort gefällt dem, der die Frage stellt, nicht immer." „Nun verstehe ich was du meinst, Maria." „Ganz am Anfang unseres Lehrgangs habe ich dir etwas über deine und die Herkunft aller Menschen erzählt. Du hast weiterhin erfahren, dass es ein Band der Liebe zwischen unserem Ursprung und den Menschen auf diesem Planeten sowie allen im Universum vorhandenen Wesen gibt. Deine Eltern und die Eltern aller Menschen sind auf dieser Erde die Stellvertreter dessen, der uns geschaffen hat. Wenn du nun wie ich ein Teil des Ursprungs bist und auch die eben beschriebene Verbindung besteht, müsstest du nun wissen, wer deine Fragen beantwortet." „Meinst du Gott damit?" „Ja, nur ist der Begriff Gott in dieser Welt sehr oft missbraucht worden. Zum einen für Kriege oder auch um über Menschen Gewalt und Macht auszuüben. Von daher verwende ich diesen Begriff nicht so gerne. Der Begriff „Ursprung" ist da völlig neutraler. Diesen hat noch niemand verwandt um eigen- oder selbstsüchtige Dinge auf dieser Welt anzustellen oder Menschen zu beeinflussen. Übrigens, Klara findet dich auch nett. In diesem Fall brauchst du auch keine Frage mehr zu stellen. Treffe dich doch mal mit ihr. Und nun wünsche ich dir noch eine gute Nacht." Tobias war etwas aufgewühlt. Wieder gab es etwas Neues in seinem Leben.

Sollte er wirklich Klara mal ansprechen und sich mit ihr treffen? Und was würde geschehen, wenn sie sich nicht mit ihm treffen wollte? Er hatte natürlich Angst, abgelehnt zu werden. Aber Maria hatte ihn ja auch ermutigt. Mal schauen, was der nächste Tag bringen wird, dachte Tobias und schlief darüber ein.

Das Gespräch mit Klara

Heute in der ersten Schulpause wollte Tobias allen Mut zusammennehmen und sie auf ein Treffen mit ihm ansprechen. Er hatte bereits am Morgen nach dem Zähneputzen im Badezimmer geübt, mit welchen Worten er das am besten bewerkstelligen konnte. Dabei hatte er in den Badezimmerspiegel geblickt und sich immer wieder selbst beobachtet, wie sicher oder unsicher er seine Frage stellte. Jedenfalls war er sehr nervös. Zur dritten Stunde nahm er mit einigen anderen Schülern und Schülerinnen sowie Klara am Religionsunterricht teil. Hier sah er eine gute Möglichkeit, sie alleine ansprechen zu können, da ihre Freundinnen und auch Felix von diesem Unterricht befreit waren. Aber irgendwie zog sich die Zeit ewig hin bis um 09:45 Uhr die Pausenglocke ertönte. Nun war erst einmal Pause und Klara war in einem Pulk von anderen Schülerinnen auf den Pausenhof gelangt. Hier sah er keine Möglichkeit, seine Frage zu stellen. Diese nervigen Freundinnen schienen ihn jetzt schon zu beobachten. Jedenfalls hatte Tobias diesen Eindruck. Was hätte Maria ihm wohl in dieser Situation geraten? Oh ja, eine Frage im Herz zu stellen. Wann es wohl am besten war, sein Vorhaben in die Tat umzusetzen? Er setzte sich auf eine Treppenstufe vor dem Schuleingang, ging mit seinem Bewusstsein ins Herz und stellte dort seine Frage. Die Antwort kam sofort: „Warte noch zehn Minuten". Tobias dankte für die Antwort und wurde immer nervöser. Er merkte, dass zehn Minuten recht lang sein konnten, wenn man darauf wartete, dass diese vorübergingen. Und richtig, nach zehn Minuten hatten sich die Freundinnen in alle Himmelsrichtungen verstreut. Klara kam direkt auf ihn zu. Sie musste förmlich an ihm vorbei, um zum Klassenraum zu gelangen. Als sie in unmittelbarer Nähe war, fasste Tobias seinen Mut zusammen und sprach sie an: „Du, Klara, darf ich dich mal etwas fragen?" „Ja, was gibt es denn?" „Ich würde dich mal gerne nach der Schule treffen, wann hättest du denn mal Zeit?" Sie war völlig überrascht und brauchte einige Sekunden, um zu antworten. „Erst einmal nicht." Und mit diesen Worten eilte sie an ihm vorbei und verschwand hinter der Eingangstür zum Schulgebäude. Diese Antwort hatte Tobias nicht erwartet. Was sollte er denn mit 'erst einmal nicht' anfangen. Er hatte eher mit einem klaren Ja oder Nein gerechnet. Enttäuscht ging Tobias in das Klassenzimmer. Heute hatte er jedenfalls keine Lust mehr, nochmals nachzufragen. Maria wusste bestimmt Rat. Am Abend wollte er endlich Klarheit haben.

„Na, es ist nicht so gelaufen, wie du gedacht hast", sagte Maria. „Nein überhaupt nicht, und du hast mir auch noch Mut gemacht, es zu versuchen." „Es war auch wichtig für dich. Denn du hast deine Angst überwunden und es recht gut angestellt, sie anzusprechen und zu fragen. Auch deine Frage nach dem richtigen Zeitpunkt im Herzen zu stellen war goldrichtig." „Aber was soll ich denn mit ihrer Antwort anfangen?" „Weißt du, die Menschen haben so ihre Schwierigkeiten auf Fragen zu antworten. Es gibt Menschen die immer Ja sagen und Nein meinen, und auch Menschen die Nein sagen und Ja meinen." „Und warum ist das alles so kompliziert?" „Die Gründe sind hierfür vielfältig. Zum einen haben sie Angst, einen anderen Menschen zu verletzen und einen Freund oder Partner zu verlieren, oder sie sind sich über ihre Gefühle selbst nicht klar. Genau genommen hast du keine Ablehnung von Klara erhalten, denn sie hat ja ein Treffen mit dir auch nicht ausgeschlossen.

Jedenfalls zu einem späteren Zeitpunkt." „Und wie sollte ich mich jetzt ihr gegenüber verhalten?", fragte Tobias nun etwas beruhigter. „Es wird sich sicherlich nochmals eine Möglichkeit für dich in den nächsten Tagen und Wochen ergeben, sie anzusprechen. Stelle einfach mal zwischendurch die Frage nach dem richtigen Zeitpunkt in deinem Herzen. Habe einfach Vertrauen."

Nun hatte sich seine Mutter bereits vor einer Woche beworben, aber noch keine Mitteilung von dem Sägewerk erhalten. Ungeduldig schaute sie immer gleich nach ihrer Arbeit in den Briefkasten. Es war die Ungewissheit, die ihr zu schaffen machte. Selbst eine Absage hätte ihr etwas mehr Klarheit gegeben. Sollte sie diese Stelle nicht bekommen, könnte sie sich anderweitig weiter bewerben. Tobias hatte sich immer wieder nach dem Stand der Bewerbung erkundigt. Und jedes Mal, wenn seine Mutter verneinte, etwas bekommen zu haben, war in ihm die Hoffnung größer geworden, in Fröhlichstadt wohnen zu bleiben. Doch am Mittwoch sollte sich das ändern. An diesen Tag traf der lang ersehnte Brief ein. Es war ein kleiner Briefumschlag mit der Bitte um Rückruf für ein Vorstellungsgespräch. Tobias Mutter war fröhlich und aufgeregt zugleich. Nach ihrem Telefonat sollte das Vorstellungsgespräch am Samstag um 12:00 Uhr stattfinden. Nachdem auch Oma Hilde darüber telefonisch informiert wurde, freute sie sich schon auf den Wochenendbesuch.

Das Vorstellungsgespräch

Und so starteten die beiden am Samstagmorgen um 06:00 Uhr zu Oma Hildes Bauernhof. Tobias erinnerte sich noch sehr gut an seine Fahrt in die Sommerferien. Es war ein wunderschöner Herbsttag, an dem das Morgenrot über den Bergen zu sehen war. Ehrlich gesagt, war er etwas unsicher und unruhig, denn es bestand ja die

Möglichkeit, dass sein Leben in Fröhlichstadt ein Ende finden konnte. Je näher sie zu Omas Bauernhof kamen, umso schöner schien für ihn die Fahrt zu werden. Die Bäume und Wiesen, die Hügel und Berge wechselten sich ab und am Himmel waren viele Vögel unterwegs. Dazu der Sonnenschein, der den Tag erleuchtete. ‚Schön ist das hier schon‘, dachte er.

Gegen 11:00 Uhr waren beide bei Oma auf dem Bauernhof eingetroffen. Es folgte eine kurze Begrüßung, Oma Hilde stand die Freude ins Gesicht geschrieben. Tobias‘ Mutter zog sich erst einmal um, denn in knapp einer Stunde sollte das Vorstellungsgespräch stattfinden. Sie war recht aufgeregt, wie Tobias feststellte. Und nach gut zehn Minuten war sie in ihrem Auto bereits wieder unterwegs. Er brachte die Taschen aufs Zimmer und trank danach erst einmal ein Glas Apfelsaft in der Küche. Oma war natürlich froh, ihren geliebten Enkel wieder zu sehen. Aber Tobias war so in Gedanken, dass er erst einmal allein sein wollte. Aus diesem Grund sagte er: „Oma ich gehe mal in den Wald, ich brauche etwas Ruhe.“ Oma Hilde wusste natürlich, was in ihrem Enkel vorging. „Ja, mach das ruhig“, meinte sie. Und so traf er auf dem Weg in den Wald auf die beiden Ponys, die wie immer neugierig alle Besucher begutachten mussten. Er streichelte die beiden auf der Stirn. Hier auf dieser Wiese hatte er im Sommer das Reiten gelernt. Die Katzendame Frau Jansen kam mit zwei ihrer Kinder über die Wiese spaziert. ‚Oh, sind die groß geworden‘, dachte Tobias. Die Katzendame miaute freundlich und ihre beiden Katzenkinder schauten ihn etwas misstrauisch an.

Tobias ging in den Wald und spazierte zur Wiese, auf der er vor einigen Monaten von Maria angesprochen wurde. Er setzte sich auf seinen alten Platz. Die Sonne wollte heute nicht ganz so warm scheinen, es ging ein leichter Wind, einige Bäume hatten bereits begonnen, ihre bunten Blätter abzuwerfen. Der Herbst hatte Einzug gehalten. Seine Gedanken gingen zu seiner Mutter. Ob sie wohl Erfolg bei ihrem Vorstellungsgespräch hatte? Er fand es hier schon sehr schön, einfach anderes als in Fröhlichstadt. Die Ponys hatten sich gefreut, ihn wiederzusehen und auch Katzendame Frau Jansen hatte ihn begrüßt. Ihre Katzenkinder waren bereits groß geworden und nach wie vor etwas vorsichtig ihm gegenüber. ‚Wie doch die Zeit verging', dachte er. „Na, Tobias, du bist ja an unseren Platz zurückgekehrt." Etwas überrascht, freute er sich darüber, dass Maria ihn angesprochen hatte. „Ja, Maria. Hier ist es sehr schön und viele Erinnerungen an unseren Lehrgang habe ich auch gehabt. Das gleiche gilt auch für meine Oma und ihre Tiere auf dem Bauernhof." „Die Menschen haben immer den freien Willen, dort zu leben, wo sie ihr Leben als lebenswert empfinden. Nur müssen sie auch die Entscheidung dafür selbst treffen. Genau genommen haben sie auch eine Verantwortung für ihr eigenes Leben." „Glaubst du denn, dass meine Mutter die Stelle bekommt?" „Wenn sie will, wird sie diese Arbeitsstelle bekommen. Nur will sie auch auf dich und deine Ängste Rücksicht nehmen. Wobei aus meiner Sicht deine Ängste unnötig sind. Und nun lasse ich dich wieder allein mit deinen Gedanken und Gefühlen. Prüfe für dich, was für und was gegen einen Wegzug aus Fröhlichstadt spricht. Nimm die Welt hier wahr und in deinen Gedanken auch die Welt in Fröhlichstadt. Wo fühlst du dich wohler, Tobias? Die Frage musst du mir nicht beantworten, finde für dich eine Antwort." „Danke für deinen Besuch, Maria. Und vielen Dank für deine weisen Worte." Und so beschäftigte er sich noch eine kurze Zeit auf der Wiese, und dann auf dem Rückweg mit dieser Frage. Als er bei Oma Hilde eintraf wusste er welche Lösung die Beste war.

Gegen 15:00 Uhr traf Tobias' Mutter wieder auf dem Bauernhof ein. Oma Hilde kochte erst einmal einen Kaffee und machte, wie in den vergangenen Ferien, die Milch für Tobias' Kakao warm. Nun saßen

alle drei an Omas Küchentisch. „Wie war denn dein Gespräch?",
wollte Oma wissen. „Recht gut, ich könnte die Stelle schon in vier
Wochen antreten, wenn ich wollte. Nur habe ich noch eine Bedenk-
zeit bis morgen vereinbart. Denn Tobias sollte ja auch noch dazu
gefragt werden." „Ich fände das schon sehr schön, wenn wir alle
drei hier leben könnten", meinte Oma Hilde. „Aber wichtiger ist
natürlich, dass ihr beiden damit einverstanden seid und die Entscheidung gemeinsam trefft." Und so richteten sich die Augen von
Oma und seiner Mutter auf ihn. „Also, ich habe mir das noch mal
überlegt, und bin zu dem Entschluss gekommen, dass ich auch gerne hier leben möchte." Tobias' Mutter war sehr überrascht und
gleichzeitig erfreut über Tobias' Sinneswandel. Oma war ganz aus
dem Häuschen und sagte zu ihrem Enkel: „Du kannst dir im gesamten Haus ein Zimmer aussuchen, das du für dich allein haben
kannst, bis natürlich auf meine Küche." Alle drei lachten über Omas
Angebot.

Wieder zurück in Fröhlichstadt

Seine Mutter sagte am nächsten Morgen ihre neue Beschäftigung
telefonisch zu. Natürlich war auch der Besitzer von dem Sägewerk
über diese Zusage hoch erfreut. Nun war die Entscheidung gefallen.
Was Felix wohl dazu sagen würde? Und wenn nun auch der Umzug
bereits in wenigen Wochen stattfinden sollte, war es wohl nichts
mehr mit dem geplanten Urlaub der beiden Freunde. Und zusätzlich
war noch viel zu tun. Neben den Umzugsvorbereitungen, den Mö-
beltransport sollte eine Spedition übernehmen, mussten noch viele
Formalitäten erledigt werden. Und er musste ja auch bei der neuen
Schule angemeldet werden. Wenn Tobias an seinen ersten Schultag
in der neuen Klasse dachte, war er natürlich sehr nervös. Was ihn
wohl erwartete? Und genau genommen empfand er auch so etwas

wie Angst vor der neuen Lebenssituation, auch wenn er irgendwie wusste, dass es richtig war, Fröhlichstadt zu verlassen.

Felix kam heute am Montag zur dritten Stunde in die Schule. Er war mit seinen Eltern am Wochenende in Norddeutschland gewesen und erst in den frühen Stunden des Montags zurückgekommen. In der ersten Pause trafen sich die beiden auf dem Schulhof. „Hallo Tobias, wie war denn dein Wochenende?" „Ich war mit meiner Mutter bei Oma auf dem Bauernhof. Meine Mutter hatte am Samstag ein Vorstellungsgespräch." „Und hat sie die Stelle bekommen und werdet ihr jetzt wegziehen?" „Ja, das werden wir in etwa vier Wochen." Felix war schockiert. „Aber warum denn so plötzlich? Wolltest du denn nicht auch hier wohnen bleiben?" „Schon, aber wenn ich alle Gründe berücksichtige, ist es wohl das Beste für mich und meine Mutter. Selbst wenn ich wollte, könnte ich doch nicht allein hier wohnen bleiben." „Und was wird aus unseren geplanten Urlaub in den Herbstferien?" „Das wird leider nicht gehen, denn die Ferien sind genau in vier Wochen, also zu dem Zeitpunkt unseres Umzuges." „Dann werden wir uns nie wiedersehen?" „Doch. Wir holen deinen Besuch auf alle Fälle nach."

Natürlich hatte Felix nichts Besseres zu tun, als alle Schüler und Schülerinnen aus seiner Klasse über den geplanten Umzug zu informieren. Er war einfach enttäuscht und erschreckt zugleich, dass ausgerechnet sein bester Freund ihn verlassen wollte. Und etwas persönlich nahm er es auch, dass sein Freund nicht versucht hatte seine Mutter umzustimmen. So musste Tobias in jeder der weiteren Schulpausen die Gründe für seinen Umzug nochmals erklären. Nur einer Mitschülerin nicht. Klara hielt sich im Abseits und sah etwas nachdenklich und zugleich auch etwas traurig aus. Tobias selbst fand diese Situation, in die er nun hineingeraten war, einfach nur schrecklich. Er hatte sich das so nicht vorgestellt. Und gleichzeitig war er auch über das Verhalten von Felix wütend. Warum musste er auch allen von seinem Umzug erzählen.

An Klara dachte Tobias aber nicht, als er nach der Schule noch eine Weile wartete, damit er mit Felix nicht noch mal zusammentraf. Hinter sich hörte er plötzlich eine Stimme. „Hallo Tobias, schade dass du nun wegziehen willst." „Oh, Klara, mir tut es auch leid, aber es geht leider nicht anders." Da stand sie nun vor ihm und sah schon etwas traurig aus. Tobias war überrascht und auch etwas verunsichert. Darauf war er mal wieder nicht vorbereitet. Aber das war sowieso heute ein verrückter Tag. „Wenn du willst, kannst du mich gerne mal auf dem Bauernhof von meiner Oma besuchen. Ich könnte dir zeigen, wie man auf den Ponys reitet." „Ich weiß nicht so richtig, meine Eltern hätten sicherlich etwas dagegen", erwiderte Klara. „Ich glaube, das wird leider nicht gehen." „Oder wir könnten uns mal zum Kino verabreden. Ich bin ja noch einige Wochen hier." „Das ist ja alles sehr nett von dir, nur was soll uns das noch bringen? Der Abschied wird für mich und dich doch nur noch trauriger." Zum Abschied umarmte sie ihn kurz und machte sich auf ihren Weg nach Hause. Sie ließ einen sprachlosen und völlig überraschten Tobias zurück.

Am Abend war er immer noch etwas aufgewühlt von seinen Erlebnissen an diesem Tag. Die Sache mit Felix ärgerte ihn am meisten. Und auch Klara beschäftigte ihn noch in seinen Gedanken. „Guten Abend, Tobias. Du hast ja heute viel erlebt." „Ja, und ich habe auch mal wieder Fragen an dich." „Ich weiß. Du bist heute geärgert worden. Und deshalb interessiert dich, warum Felix sich so verhalten hat." „Ja genau." „Also dein Freund war sehr erschrocken und schockiert über deinen Umzug. Und nun hat er nach einer Möglichkeit gesucht, mit anderen Menschen darüber zu sprechen. Und da kam ihm in den Sinn, alle deine Mitschüler zu informieren. Er hat insgeheim darauf gehofft, dass auch die anderen seine Meinung teilen und ihm Recht geben, über die Ungeheuerlichkeit von dir, Fröhlichstadt zu verlassen. Du wirst aber morgen merken, dass sich die Gemüter und die Neugierde deiner Mitschüler beruhigt haben." „Aber mich ärgert das Verhalten von ihm trotzdem." „Felix ist doch genauso alt wie du und da macht man oft Fehler. Gerade im zwischenmenschlichen Bereich gibt es auch bei Erwachsenen diese und ähnliche Probleme. Dieses Verhalten hat bei allen Menschen eins gemein: Das Ego des Einzelnen steht hierbei im Vordergrund und das ohne Rücksicht auf einen anderen Menschen." „Was meinst du denn mit Ego?" „Der Anspruch 'Ich' zu sagen und seine eigene Person in den Mittelpunkt seines Tuns zu stellen. Oder anders gesagt: Nur sich selbst, seine Person und sein eigenes Empfinden als das einzig Richtige in dieser Welt anzusehen. Es ist auch eine gewisse Art von Arroganz, über die wir bereits gesprochen haben. Von einem menschlichen Standpunkt aus ist das Verhalten von deinem Freund gut zu verstehen. Nehme es nicht so schwer Tobias. Fehler werden nun mal auf der Welt aus unterschiedlichen Gründen gemacht, ob nun von jungen oder älteren Menschen. Denke daran, das Leben ist ein Spiel mit den Spielsachen und natürlich auch mit der Wahrnehmung." Tobias war nun etwas beruhigter. Solche weisen Worte würde er auch gerne finden und dann alles erklären können. „Sag mal, weißt du denn überhaupt auf alle Fragen eine Antwort?" „Was die Menschen und den Planeten Erde und die Zeit vor der Entstehung dieser Welt betrifft schon. Aber es gibt noch viel mehr an Wissen in den anderen Universen. Jeder weiß immer nur so viel, wie es für seine Aufgabe im Leben notwendig ist." „Was mache ich denn nun mit Klara?" „Also Klara ist auch schon recht weise, wenn sie meint sich mit dir nicht noch einmal zu treffen." „Aber warum denn?" „Sie hat schon richtig erkannt, dass es gefühlsmäßig nicht leicht ist, einen Menschen den man gerne hat, gehen zu lassen. Und vor diesem traurigen Gefühl hat sie nun Angst." „Dann bleibe ich einfach hier." „Das wird aber so nicht gehen. Nimm die Erfahrung mit ihr, die du bisher gemacht hast, als Wissen in dein weiteres Leben mit. Es wird dir und anderen Menschen, denen du mit Rat zur Verfügung stehst, sicherlich helfen können." „Jetzt könnte ich in Fröhlichstadt endlich eine Freundin haben, und nun muss ich wegziehen. Was hat das denn alles für einen Sinn?" „Wenn du in einigen Monaten zurückblicken wirst, dann wird dir vieles klarer werden. Nur in der jeweiligen Situation, und das gilt für alle Menschen, ist es meist nicht möglich, einen Sinn zu erkennen." Tobias hatte für heute mal wieder genug gehört. ,Das mag ja alles sehr weise klingen', dachte er. Aber er war traurig über diese verpasste Chance, eine Freundin zu bekommen. Und so verabschiedete er sich von Maria wieder, dankte und legte sich sofort in sein Bett und schlief tief und fest ein. Und heute Nacht sollte Tobias wieder träumen.

Tobias Traum

In seinem Traum befand er sich im Botanischen Garten von Fröhlichstadt. Tobias ging durch den Duft- und Kräutergarten. Er roch an verschiedenen Blumen, bewunderte die verschiedenen Blüten und auch die Blätter der Kräuter und Pflanzen. Vor ihm sah er eine Parkbank, auf der bereits eine Person saß. Aus irgendeinem Grund hatte er das Verlangen, sich auch auf diese Parkbank zu setzen. Als sich die Person zu ihm umdrehte, sah Tobias seinen verstorbenen Vater neben sich sitzen. Er erschrak. „Du brauchst keine Angst zu haben, Tobias. Ich habe dich die ganze Zeit über begleitet, seit ich die Erde verlassen habe. Und du bist in der Zwischenzeit sehr selbständig geworden und lernst jeden Tag etwas dazu. Besonders schön finde ich, dass du das Angebot von Maria angenommen hast, mehr über dich, diese Welt und die Menschen zu erfahren." „Und warum hast du mich verlassen?" „Ich habe dich nicht verlassen, ich war immer bei dir. Nur hast du mich nicht wahrgenommen, denn auf der Erde warst du sehr mit dir selbst und der gegenständlichen Welt beschäftigt." „Aber du fehlst mir schon, ich möchte auch in einer richtigen Familie leben." „Diese Möglichkeit liegt für dich bereits in der Zukunft. Ich habe hier in dieser Welt andere Aufgaben bekommen. Es ist auch nicht vorgesehen, dass ich dich dein gesamtes Leben über begleite. Unsere Liebe zueinander wird uns weiter verbinden, jedoch wird dieses Band im Laufe der Zeit schwächer werden. Denn eine wirkliche Entwicklung wird nur möglich sein, wenn ein Mensch selbständiger und eigenverantwortlicher durch sein eigenes Leben geht. Das Leben, ob nun auf der Erde oder in der geistigen Welt, bietet eine Vielzahl von Entwicklungsmöglichkeiten. Und diese sollten von allen Menschen genutzt werden."

Tobias konnte sich am nächsten Morgen nicht mehr an seinen Traum erinnern. Er hatte nur den Eindruck, irgendetwas von seinem verstorbenen Vater geträumt zu haben. Ihm fiel natürlich auch auf, dass er sein Traumbuch seit seinen Ferien bei Oma Hilde nicht weitergeführt hatte. Ob das wohl einer der Gründe war, sich nicht erinnern zu können? Nach einiger Überlegung war ihm klar, dass wohl mindestens ein Grund hierin liegen musste. Ab sofort wollte er seinen Träumen wieder mehr Wert beimessen und sein Traumbuch regelmäßig führen. Und außerdem hatte Maria ihn ja darüber unterrichtet, dass Träume ein wichtiger Bestandteil in seinem Leben und in dem Leben der Menschen waren. In seinem Büchlein hatte er damals den wichtigen Satz aufgeschrieben: „Durch Träume schaffst du Wirklichkeiten".

Auf Tobias Zettel war noch eine Frage übrig geblieben. Es war die Frage: ‚Warum er ohne Vater aufwachsen musste'. Maria hatte ihn ja etwas mit der Antwort vertröstet. Aber nun war für ihn der Zeitpunkt gekommen endlich eine Antwort zu erhalten. „Guten Abend,

Tobias", sagte Maria. „Heute Abend werde ich auf deine zurzeit wichtigste Frage eingehen." „Du meinst, warum ich keinen Vater mehr habe?" „Ja genau. Es ist von der geistigen Welt in aller Regel nicht angedacht, dass eine Familie nur von einer Person allein, also nur von einem Elternteil geleitet und geführt wird. In einigen Fällen ist es auf Grund der unterschiedlichen Partner leider nicht möglich, das Familienleben ohne Streit und Ärger zu gestalten. Dann ist eine Trennung meist unumgänglich und ein Elternteil muss die Erziehung alleine übernehmen. Du kannst sicher sein, dass in all diesen Fällen und das gilt auch für eure Situation, die geistige Unterstützung von uns noch stärker für den verbliebenen Elternteil sein wird. Es sind oftmals die Mütter, die neben einem Beruf eine Vielzahl von weiteren Aufgaben täglich übernehmen und auch an ihre geistigen und körperlichen Grenzen kommen. So wird auch deine Mutter von uns unterstützt, obwohl sie das nicht immer wahrnimmt und trotzdem feststellt, was sie immer wieder alles geschafft hat. In den Familien, bei denen nur ein Elternteil zur Verfügung steht, egal aus welchem Grund, machen sich die Kinder oftmals Vorwürfe. Sie haben den Gedanken, dass sie vielleicht Schuld an der Situation sind, also daran, dass ein Elternteil die Familie verlassen hat oder auch verstorben ist. Das ist grundsätzlich falsch. Kein Kind braucht sich Schuldgefühle einzubilden, denn Kinder werden nie schuld sein an solchen Situationen. Weiterhin kann es sein, dass die Kinder unseren gemeinsamen Ursprung, also Gott dafür verantwortlich machen. Sie fühlen sich verlassen und vergessen. Auch das ist eine falsche Vorstellung. Es ist auch keine Strafe für ein Fehlverhalten der Kinder, so etwas gibt es nicht. Auch du hast solche Gedanken, die aus deiner Traurigkeit über den Tod deines Vaters entstanden sind." Tobias hatte Tränen in den Augen. „Aber warum ist mein Vater denn bei diesem Unfall ums Leben gekommen? Warum hat er denn nicht überlebt? Ich habe ihn doch so liebgehabt?" „Ich weiß. Ich kann deine Gefühle und Gedanken aus deiner Sicht gut verstehen. Auf der Erde sehen die Menschen in aller Regel nur den Körper. Also wenn ein Mensch lebt, muss er aus der Sicht der Erdenbewohner einen Körper haben, genau genommen einen materiellen, also sichtbaren Körper. Wenn ein Mensch gestorben ist, dann wird der materielle Körper begraben. Und nun beginnt das eigentliche Problem für die meisten Menschen. Dadurch, dass ein Partner, Vater, Mutter, Kind oder wer auch immer, nicht mehr sichtbar da ist, fühlt man sich allein und verlassen. Du weißt bereits auch, dass das Leben auf diesen Planeten nur vorübergehend ist, also nur eine bestimmte Zeit dauert." „Aber das erklärt immer noch nicht, warum mein Vater nicht mehr bei mir ist." „Ich habe dir vom Sinn des Lebens erzählt. Und wenn dieser Sinn erfüllt ist, gibt es keinen Grund mehr, auf dieser Erde zu verbleiben. Die Entwicklung des Einzelnen steht dabei im Vordergrund." „Aber warum soll ich denn dann ohne Vater aufwachsen?" „Sieh mal, darin liegt für dich auch eine große Möglichkeit, ohne Vorgaben deine eigenen männlichen Fähigkeiten zu entwickeln. Also selbst zu schauen, was für einen Jungen und später als Mann in deinem Leben wichtig ist. Zusätzlich wirst du auch andere Menschen gut verstehen können, die ähnliches durchlebt haben. Also hier kannst du anderen eine große Hilfe sein. Dein Vater lebt nach wie vor, nur nicht sichtbar auf der Erde. Und das Band der Liebe gibt es auch weiterhin zwischen euch." „Das ist ja alles verständlich, was du mir erzählst, aber mir fehlt mein Vater trotzdem." „Diese Empfindung, also den Verlust, wirst du über die Zeit immer weniger wahrnehmen. Die Menschen sagen auch, die Zeit heilt alle Wunden. Im Gefühls- und Empfindungsbereich mag das auch stimmen. Und wer sagt dir denn, dass es nicht wieder einen neuen Mann für deine Mutter geben kann? In diesem Fall wäre eure Familie auch wieder vollständig." „Ich will keinen neuen Vater, ich will meinen richtigen Vater zurückhaben. Und wo sollte denn auch so ein Mann für meine Mutter herkommen?"

„Hast du dir schon einmal Gedanken über die Liebe gemacht, also die Liebe zwischen zwei Menschen?" „Nein. Das ist eben so, dass zwei Menschen heiraten, weil diese sich mögen und lieben." „Ihr habt ja in Fröhlichstadt in eurem Wohnhaus auf der ersten Etage einen alleinstehenden Mann wohnen." Tobias erschauderte es: Dort wohnte ein sehr eigenartiger Mann, so um die 40 Jahre mit einer dicken Hornbrille, der ihn oft schon ohne Grund angerempelt hatte. Er war sehr launisch und bösartig und mochte keine Kinder. „Was soll mit ihm sein?" „Er wird in Kürze heiraten." „Wieso denn dieser Mann?" „Er hat sich verliebt." „Doch nicht etwa in meine Mutter." „Nein, das hätte nicht so gut gepasst." „Da bin ich aber froh." „Bewege die Frage in dir, warum er sich nicht in deine Mutter verliebt hat, oder in deine Lehrerin Frau Motte oder die nette Frau Wiesel, die im Haus gegenüber wohnt? Wir reden morgen weiter, und nun wünsche ich dir eine gute Nacht." „Gute Nacht Maria." Und obwohl Tobias sich mit dieser Frage noch beschäftigen wollte schlief er recht schnell ein.

Er beschäftigte sich den gesamten nächsten Tag weiter die Frage nach dem Entstehen der Liebe zwischen Mann und Frau. Aber ganz besonders auch die von Maria angesprochene Möglichkeit, wieder eine vollständige Familie auf der Erde zu haben. Der Gedanke an einen neuen Mann für seine Mutter und somit auch einen neuen Vater zu bekommen, war für ihn irgendwie nicht vorstellbar. Es war einfach nicht in seinen Gedanken und Vorstellungen möglich, dass so etwas noch mal passieren könnte. Zusätzlich verspürte er auch das Gefühl von Liebe für seinen verstorbenen Vater. Aber am Ende des Tages hatte Tobias immer noch keinen Grund für die Liebe gefunden. Ihm war aufgefallen, dass in den Familien von seinen Mitschülern, die er kannte, die Eltern nur in einigen Fällen wirklich zusammen passten, jedenfalls nach seinem Eindruck. Bei den Eltern von Felix war bisher der Umgang untereinander ein sehr freundlicher gewesen. Aber bei Max' Eltern war immer nur Streit angesagt, wenn er mal seinen Freund besuchen kam. Aber wieso die sich bei diesem Umgang auch noch lieben sollten, war für ihn ein Rätsel. Und egal bei welchen Paaren, die er kannte, ob mit und ohne Kinder, war das sehr unterschiedlich. War es wohl immer Liebe, die dazu führte, dass Menschen eine Familie gründeten? Maria wusste sicherlich mehr.

Die Liebe

Am Abend nahm Tobias wieder seine Haltung für die Stilleübung ein. Es war nun für ihn immer leichter geworden, die richtige Haltung einzunehmen und mit seinem Bewusstsein von der Wirbelsäule, ins Becken und dann in sein Herz zu kommen, um seine Fragen zu stellen. (Allen Lesern sei an dieser Stelle nochmals empfohlen, sich mit dieser Übung zu beschäftigen, die an verschiedenen Stellen des Buches bereits erklärt worden ist.) „Guten Abend, Tobias." „Guten Abend, Maria." „Ich habe bemerkt, dass du dich heute sehr mit dem Thema Liebe zwischen Mann und Frau, Vater und Mutter beschäftigt hast." „Ja, ich habe aber keine wirkliche Antwort auf deine Frage." „Aber du hast sehr gut beobachtet, dass es scheinbar keine einheitliche Erklärung für die Liebe gibt. Nun zur Erklärung. Dass sich zwei Menschen lieben ist kein Zufall. Die Liebe wird von unserem Ursprung gegeben und beide Partner spüren somit ein starkes Interesse und Verbundenheit für einander. Die Liebe dient dazu, beiden Partnern die Möglichkeit zu geben, zusammen Erfahrungen zu machen und auch das Rollenspiel von Mann und Frau, Vater und Mutter mit all seinen Möglichkeiten zu erleben. Die Liebe ist eine starke Empfindung von Zuneigung, gegenseitiger Anziehung und dem Wunsch, sein Leben zusammen mit einem Partner zu leben. In einer Idealbeziehung ergänzen sich die beiden Menschen zu

111

einer Einheit." „Ja, aber warum gibt es denn Partner, die sich dauernd streiten?" „Dazu musst du noch etwas Weiteres berücksichtigen. In der heutigen Zeit, aber auch für viele andere Jahrhunderte, sind Beziehungen oder Ehen meist nicht aus Liebe geschlossen worden. Da mag es anfangs wohl eine Zuneigung gegeben haben, die aber nicht auf Liebe begründet war. Im Vordergrund steht oftmals ein Statusdenken, weil einer der Partner berühmt ist oder reich oder auch einen besonderen Beruf hat und viel Geld verdient. Also steht in solchen Fällen nicht die Liebe im Mittelpunkt, sondern eher ein Vorteil, den sich einer oder auch die beiden Partner wünschen oder erhoffen. Es kann aber auch sein, dass sich ein Mensch alleine fühlt, vielleicht auch Angst vor dem Leben und der Zukunft hat und dann aus solch einem Grund eine Partnerschaft eingeht und unglücklich wird. Also können Partnerschaften auch sehr stark an Erwartungen des Partners geknüpft sein. Das alles hat mit Liebe nichts zu tun. Du weißt auch, dass der Mensch einen freien Willen hat und dieser nicht immer zum eigenen Vorteil auf der Erde benutzt wird. Auf der Ebene der Empfindungen und Gefühle können Menschen nun mal viele Fehler machen, besonders auch dann, wenn sie überhaupt nicht wissen, wer sie wirklich sind." „Ist denn für alle Menschen eine Partnerschaft vorgesehen?" „Nein, nicht grundsätzlich. Es gibt durchaus auch Menschen, die ihr Leben über allein bleiben. Das ist aber keine Strafe. Der Lebensplan sieht dann andere Entwicklungsmöglichkeiten für den betreffenden Menschen vor." „Sag mal, heiratet denn der Mann aus unserem Haus aus Liebe?" „Das sollte dich nicht interessieren, kümmere dich besser um dich und bewege die gehörten Worte in dir. Die Neugierde über andere Menschen etwas zu erfahren und das dann auch weiter zu erzählen, ist mittlerweile zu einer großen Unart auf dieser Welt geworden." „So meinte ich das doch gar nicht. Das weiß ich von dir. Aber denke daran, dass deine Geschichte irgendwann einmal aufgeschrieben und veröffentlicht werden soll. Und die Leser des Buches sollten meine Worte auch in sich bewegen und sich mit dem Gelesenen beschäftigen."

Die folgenden Wochen vergingen für Tobias und seine Mutter wie im Flug. Felix hatte sich beruhigt und freute sich schon auf ein Wiedersehen in den übernächsten Ferien. Klara hatte sich damit abgefunden, einen netten Mitschüler zu verlieren. Und alle anderen Klassenkameraden und Freunde von Tobias gingen ihren eigenen Interessen nach und hatten fast schon vergessen, dass er gegen Ende des Monats Fröhlichstadt verlassen würde. Nur Maria war immer zur Stelle, um ihren jungen Schüler dabei zu unterstützen selbständiger zu werden. Das geschah durch viele alltägliche Situationen, bei denen Tobias lernte, immer mehr auf sein Herz zu hören. Und so kam es, dass Tobias mit seiner Mutter zu Oma Hilde auf den Bauernhof zog. Es war für beide ein Neubeginn, bei dem er einen neuen Vater bekommen sollte. Das wusste er jedoch zu diesem Zeitpunkt noch nicht. Und auch viele neue Erfahrungen und Erlebnisse sowie ein Besuch von Felix sollten folgen. Und so wird auch auf diesen zweiten Teil unserer Geschichte, ein dritter folgen. So ist es der Wunsch von Maria und den vielen Helfern aus der geistigen Welt.

Und nun wünsche ich allen Menschen weiterhin viel Erfolg auf der Reise in und durch ihr eigenes Leben. Peter Wandler

Weitere Bücher von Peter Wandler

Luisa und das alte Buch ihres Großvaters

Luisa findet auf dem Dachboden ein altes Buch. Hierin befindet sich eine Nachricht ihres verstobenen Großvaters. Sie beginnt in diesem alten Buch zu lesen und erfährt etwas über die Möglichkeiten der Menschen, ihr Leben bewusster wahrzunehmen.

Gespräche auf dem Weg nach Santiago de Compostela

Die Geschichte in diesem Buch beschreibt die Erlebnisse von Tom, der sich auf den Weg macht, die Kathedrale von Santiago de Compostela zu erreichen. Auf seinem Pilgerweg, der auch als Jacobsweg bekannt ist, begegnet er weiteren Menschen. Sie alle haben sich, genauso wie er, aufgemacht, dieses Ziel zu erreichen. Aber was treibt ihn und die anderen Pilger an?

Ein Lehrling auf seiner Reise durch die Welt

Tim beginnt eine Reise, dessen Ziel er nicht kennt. Von einem weisen Lehrmeister (Lebensmeister) hat er gelernt, auf seine innere Stimme zu hören. Auf der ersten Reiseetappe liest er einen persönlichen Brief von seinem Lebensmeister und bekommt die Aufgabe herauszufinden, was für die Menschen der Sinn des Lebens ist. Zusätzlich soll er den Ursprung aller Dinge und somit der Welt herausfinden. So lässt er sich von seiner inneren Stimme leiten und lernt Städte, Menschen und ihre unterschiedlichen Lebensansichten kennen